自然災害から身を守る知恵

気象災害と地震に備える

気象予報士・防災士
伊藤佳子
気象予報士
鈴木純子

求龍堂

著者
文化放送記者で気象予報士・防災士の伊藤佳子（右）、文化放送アナウンサーで気象予報士の鈴木純子（左）。文化放送にて。

江戸川区水害（洪水・高潮）ハザードマップの表紙（江戸川区ホームページより）
広域避難の必要性を訴えた江戸川区のハザードマップ。「ここにいてはダメです」という言葉が話題に。

江戸川区の高潮（浸水・深さ）ハザードマップ（江戸川区ホームページより）
想定最大規模の巨大台風により高潮が発生したら……。色の濃さで浸水の深さが読み取れます。

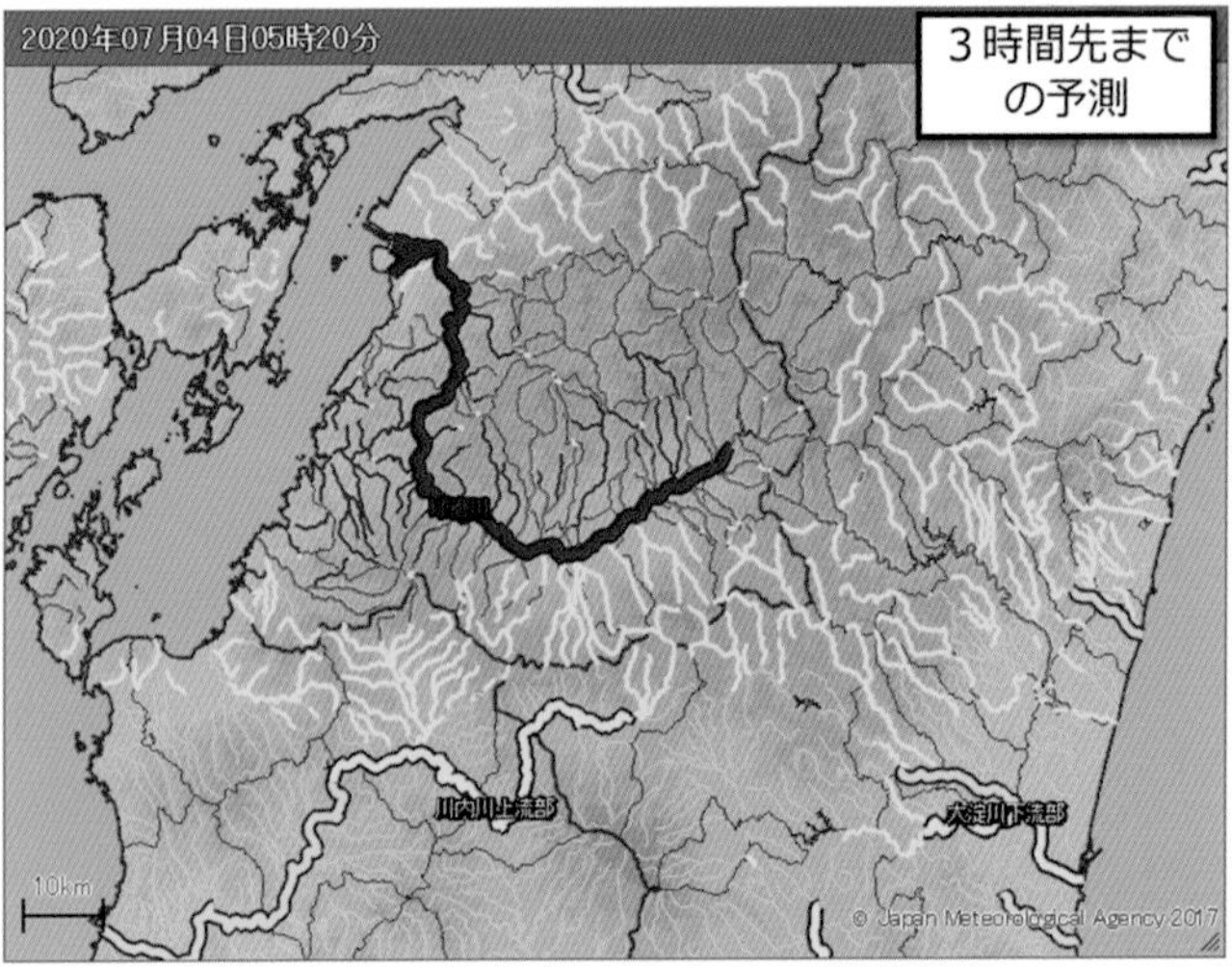

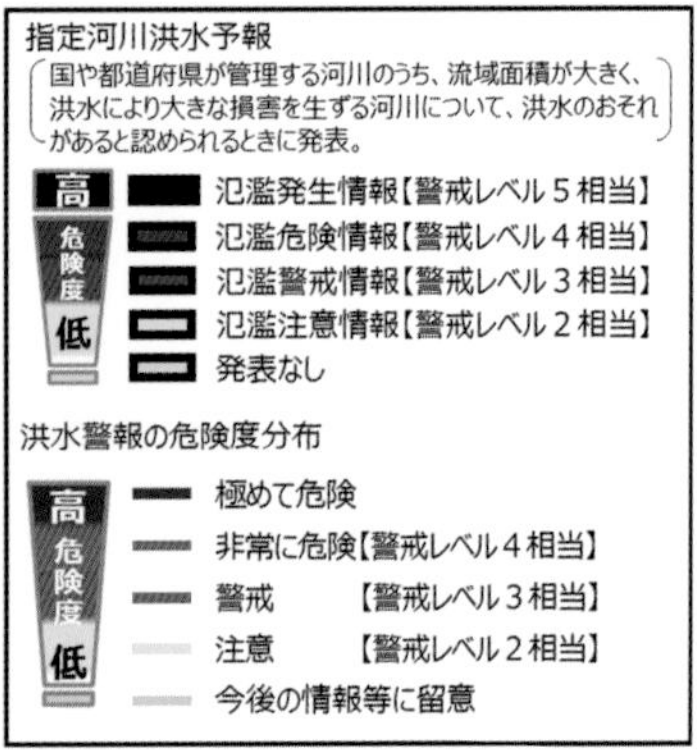

洪水キキクル（洪水警報の危険度分布）（気象庁ホームページより）
警戒レベル4では全員避難が原則。（2020年、熊本豪雨）

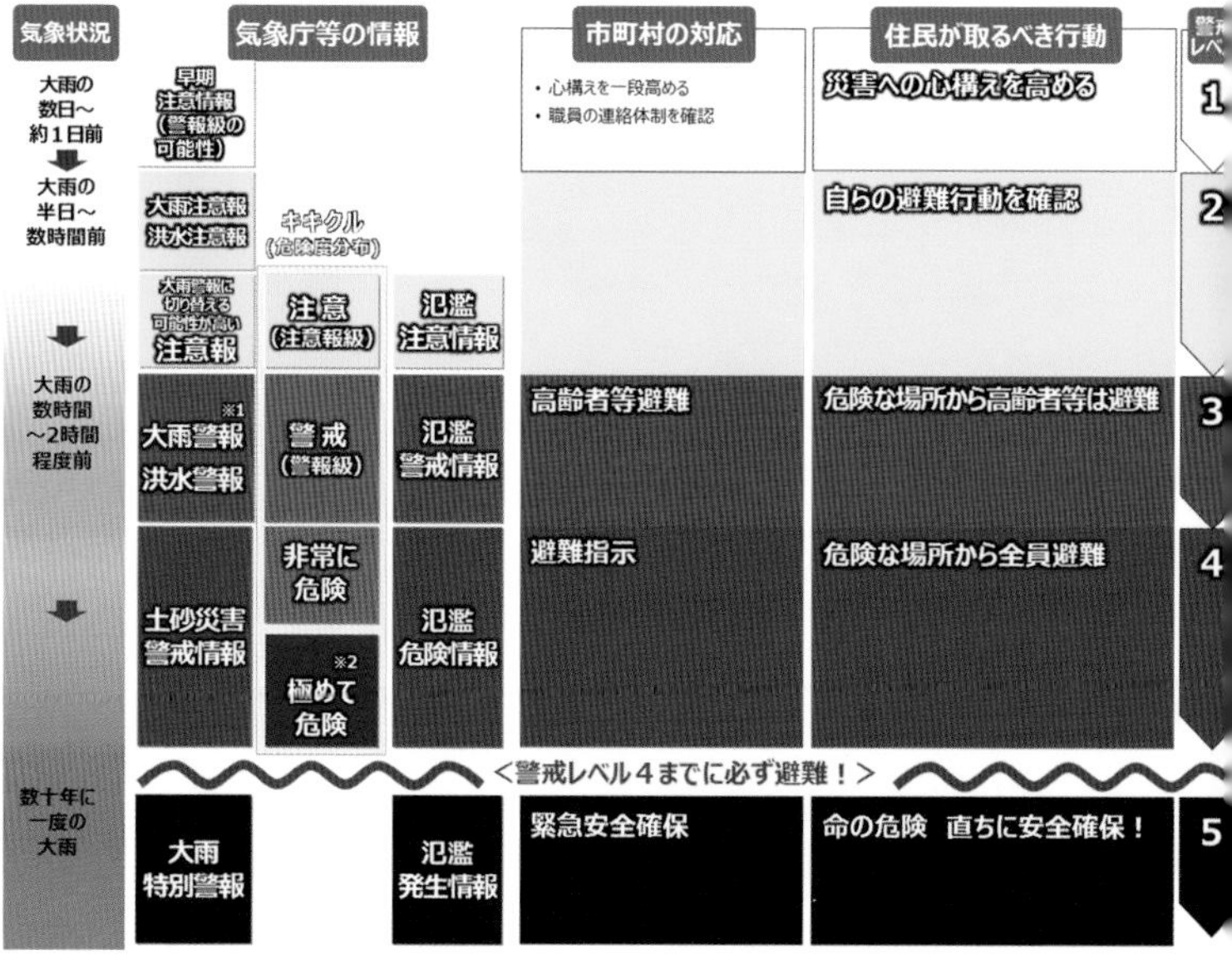

※1　夜間～翌日早朝に大雨警報（土砂災害）に切り替える可能性が高い注意報は、警戒レベル3（高齢者等避難）に相当します。

※2「極めて危険」（濃い紫）が出現するまでに避難を完了しておくことが重要です。

5段階の警戒レベルと防災気象情報（「避難情報に関するガイドライン」（内閣府）に基づき気象庁において作成）

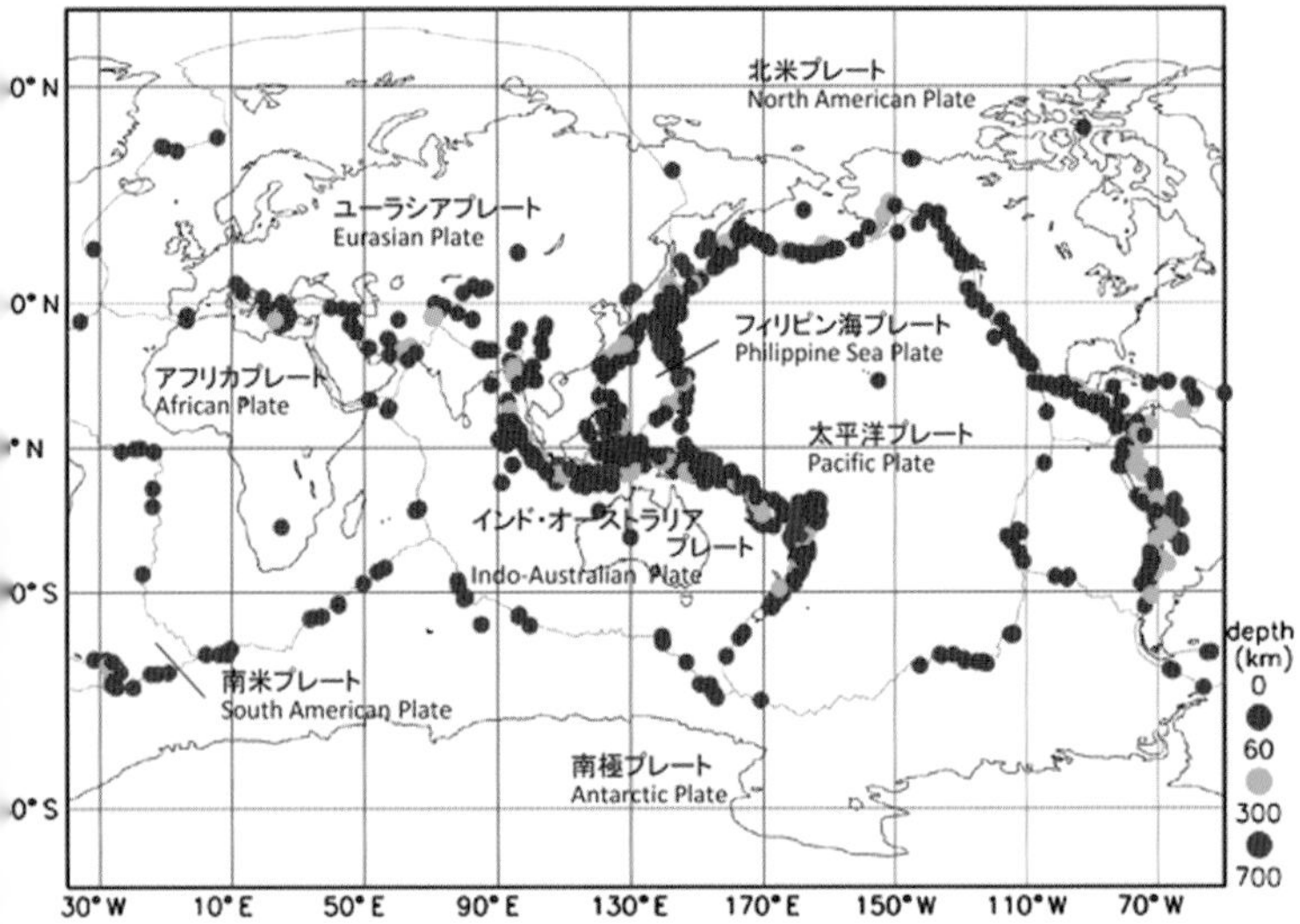

世界のマグニチュード6以上の震源分布（2010年～2019年）（国土交通省、気象庁ホームページより）
およそ2割が日本周辺で発生。日本は4つのプレートがぶつかり合う上にあるので、世界的にも地震が多い

左＝2017年九州北部豪雨、大分県日田市花月川。JR久大線の橋梁が流出（著者撮影）
下＝2019年台風21号と低気圧の影響で記録的大雨、千葉県千葉市緑区土砂崩れ現場。住宅2棟が土砂に巻き込まれ住民2人が死亡（著者撮影）

私たちがお伝えします！
伊藤佳子（右）と鈴木純子（左）

◎イラスト：やないふみえ

自然災害から身を守る知恵　気象災害と地震に備える

まえがき

「あの子がみつかるまで、私たちは始まらないよね」

「見なさったと？　あの流木と土砂」

「屋根が飛んだときすごい音だった……簞笥が倒れてきて、消防呼びました」

取材した被災地では、さまざまな声を聴かせてもらいました。つらく厳しい状況の中、「伝えてほしいから話すんだ」という人も……。

千葉の暴風被災地では「裸足じゃ危ない。土足で上がって」とガラスが飛び散った部屋に上げてくださる方や、岡山県真備町では断水後やっと水が出て、泥を落とす作業に追われながら「今トイレの掃除が終わった。よかったら使ってください」と声をかけてくださる方も……。取材にご協力くださった皆さまには感謝の言葉しかありません。

第1弾『いざというときに身を守る気象災害への知恵』から5年、毎年どこかで大雨や地震による被害が頻発しています。自然災害は、もはや「他人事」ではなく「自分事《じぶんごと》」の時代です。自分と大切な家族を守るために、できるところから備えておきましょう。

本書がいざというときに命を守り、被害の軽減に少しでも役立つことができれば幸いです。

伊藤佳子

まえがき

「お父さん、避難しよう！」私が夫に言ったときは、すでに雨が降りしきる状態。２０１９年の台風19号で、まさか自分が避難しなければならない状況になるとは。気象予報士として普段「空振りでもいいから早めの避難を」と呼びかけていながら、いざ自分が実行するとなるとハードルが高いことを実感しました。「自分だけは大丈夫、ということは絶対にないのです！」

先日これを痛感する出来事が。5月30日日曜日、文化放送「Ｓｏｃｉｅｔｙ５・０ 香格里拉《シャングリラ》」内の気象情報で、「上空の寒気の影響で、にわか雨や雷雨の可能性があります」とお伝えした日の帰り道、短時間大雨を降らせる雨雲がわが街に迫っていました。レーダーで確認すると雨雲はすぐ近くだが、まだ来ていない。最寄り駅では曇り空で雨は落ちていない。そこで傘を持たずに走り出す私がいました。雨雲との追いかけっこは雨雲の勝ち。見る見るうちに雨が降り出し豪雨となり、突風も吹き始めました。雨宿りする場所も、さえぎるものもありません。必死で近くのコンビニに駆け込みました。店員さんが「大丈夫ですか?」とびしょびしょのカーディガンと鞄を持ってくださり、ペーパータオルの束を渡してくださいました。気づくと私が立っていた場所には水たまりができていました。コンビニの皆様、助けてくださりありがとうございました。

「自分だけは大丈夫、ということは絶対にないのです！」

これを肝に銘じて本書を上梓いたします。

鈴木純子

目次

第1章 気象災害に備える

① 大雨災害
河川氾濫・浸水

鈴木純子アナウンサーが
お伝えします

事例 災害を甘く見てはいけない。空振りでもいいから早めの避難を！

▼2019年10月12日～13日「台風19号（令和元年東日本台風）」

「良かったら、早めに我が家に避難してね。」

同じ東京都多摩地域に住む友人からLINEが来たのは、10月12日午前7時21分でした。

前日から、今回の台風19号についてやり取りをしていました。前回の台風15号より雨風さらに強く長引きそう。という話をしていた翌日にこのLINEをもらいました。多摩川沿いに住む我々家族を心配してのメッセージで、彼女たちは、同じ市内でも、川から離れたマンションの3階に住んでいました。せっかく心配して避難してきていいよと言ってくれていたのに、この時点で私の返信は「どうするか、夫と検討中。心配だね。」でした。そしてこの返信を私は後悔することになるのです。

２０１９年10月6日にマリアナ諸島の東海上で発生した台風19号は、体育の日を含む三連休の初日、12日土曜日に大型で強い勢力で静岡県伊豆半島に上陸しました。関東、甲信、東北地方に甚大な被害をもたらし、死者、行方不明者１００名以上。

私が住んでいる東京都多摩地域でも、多摩川と浅川が氾濫危険水位に達し、自分自身が危険にさらされるという体験をしました。気象予報士として専門知識を持っているはずでしたが、いざ自分が適切な行動をとれたか、といえば、そうでは無かったです。振り返って私が考える最良の選択は、朝の段階で友人の家への避難をすることでした。しかし自宅にいることを選択。昼になり、徐々に雨が激しくなり、台風の進路は予想よりやや西寄りを進んで、東京の西側である多摩地域は台風直撃のコースとなりました。台風の北側に激しい雨雲があり、台風が近づく前から激しい雨で、多摩川、浅川の水位がどんどん上がってきました。

娘のクラスのグループＬＩＮＥでは、多摩川近くのマンションに住む人から、増水する多摩川の写真や動画が送られてきました。また避難所に行った人からは、「ここの避難所はまだ余裕があるよ」「こちらの避難所は、もう３００人超えているらしい」などの情報が。高台に親戚のいる人も避難していき、我が家は不安ばかりが募りました。午後3時30分、東京都を含む7都県に大雨特別警報が発表されました。（最終的に13都県に発表）台風本体が来る前にこれだけ川が増水しているのだから、上陸、通過したあとに川の増水がどこまで進むかわからない。「お父さん、避難しよう！」私が夫に言ったときには、雨が降り続く状態。しかも突風被害を心配して、車を近くの立体駐車場に移動しており、我が家には避難所にいくまでの足もありませんでした。夫は多摩川の水位を見ながら、「まだ水位には余裕がある、1キロある避難所まで歩いて行ったらどうなるのか」と。近所の友人も「避難勧告（当時）が出たら避難する」とのこと。確かに市内でも、水位の高い浅川流域には午後2時過ぎに避難指示が出ましたが、我々の地域はレベル3の高齢者等避難開始（当時）の段階でした。少し冷静になって、そのまま水位を見守っていると、台風本体が近づいたときには、一時的に風が強まったものの雨はそれほどでもなく、結局近隣での川の決壊、浸水などはありませんでした。

日頃、気象予報士として、「空振りでもいいから、早めの避難を」などと呼び掛けておきながら、実際自分が避難するかどうか、という段階になると、そのハードルは思いのほか高いことを痛感しました。雨が降り始めてからの避難は困難を伴い、恐怖とともに判断すら誤りかねないので、やはり、雨が降る前の避難。それも、避難所では他人との共同生活となるため、できれば親戚、友人宅への避難が良いと思いました。自分の家の災害リスクを把握し、「川が増水したら、この友人宅に避難」「土砂災害の危険がありそうだったら

図1　写真上 ぐにゃりと曲がった日野橋（著者撮影）
図2　写真下 手すりがなぎ倒された河川敷の階段（田村恵氏撮影）

この親戚の家に」と何か所か想定し、事前に相手とも話をしておくと良いでしょう。濁流の流れる台風翌日の多摩川を娘と見ました。日野橋は橋脚が壊れて通行止め。まさに危機一髪だったことを物語っていました。

台風19号では、洪水によって多くの人の命が奪われました。福島県阿武隈川、長野県千曲川流域では堤防が決壊。１００以上の河川で氾濫や決壊が起き、浸水領域としては西日本豪雨を上回りました。

▼2020年7月3日～31日 「熊本豪雨（令和2年7月豪雨）」

梅雨前線停滞による記録的な大雨で、７月４日早朝、熊本県南部の球磨川が氾濫し、浸水した球磨村の特別養護老人ホーム「千寿園」で多くの犠牲者を出しました。河川氾濫が想定されたときの高齢者避難について問題提起をすることになった災害の一つです。

７月３日から31日にかけて、日本付近に停滞した梅雨前線の影響で、暖かく湿った空気が流れ込み続け、各地で大雨となりました。特に九州では7月3日から8日にかけて多数の線状降水帯が発生し記録的な大雨となりました。気象庁は、熊本県、鹿児島県、福岡県、佐賀県、長崎県、岐阜県、長野県の7県に大雨特別警報を発表。最大級の警戒を呼びかけました。総降水量は長野県や高知県の多いところで2000ミリを超えたところがありました。

この大雨により、球磨川、筑後川、飛騨川、江の川、最上川といった大河川での氾濫が相次ぎ、土砂災害、低い土地の浸水などにより、人的被害や物的被害が多く発生しました。

また西日本から東日本の広い範囲で大気の状態が非常に不安定となり、埼玉県三郷市で竜巻が発生したほか、各地で突風被害が発生しました。

▼2018年6月28日～7月8日 「西日本豪雨（平成30年7月豪雨）」

→「2 大雨災害（土砂災害）」（40頁）参照

西日本を中心に北海道や中部地方を含む全国的に広い範囲で発生した、台風7号と梅雨前線などの影響による集中豪雨。岡山県では、高梁川《たかはしがわ》の支流、小田川が本流の高梁川に合流する際に水がせき止められる「バックウォーター現象」などにより水位が高い状態が長時間継続したことなどで、小田川などの堤防が決壊。倉敷市真備町《まびちょう》を中心として大規模な浸水被害が発生しました。

図3、図4の写真は、伊藤佳子記者が真備町に入ったときの様子です。「車の中で朝を迎えた。水につかるギリギリで町を出たので、命は助かった。」51人が亡くなった岡山県倉敷市真備町地区の住民は、屋根の上まで水が来て、土壁がなくなった家の片付けをしながら話してくれました。

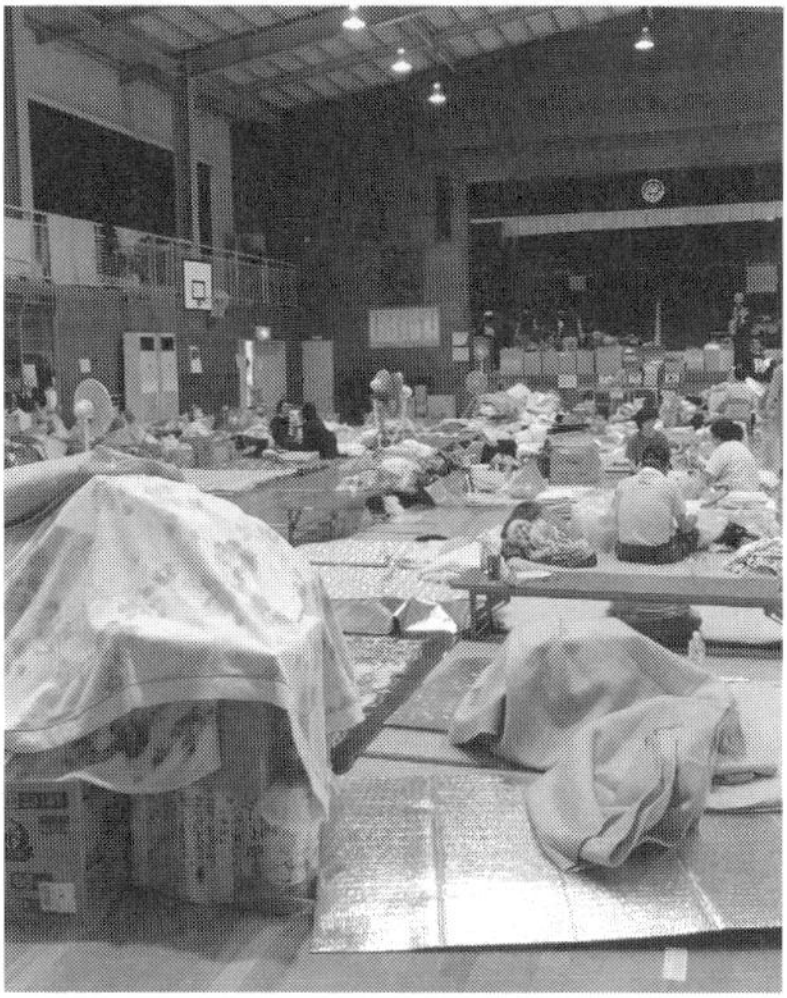

図3　写真上 屋根まで浸水し土壁が落ちた家（著者撮影）
図4　写真下 真備町避難所（著者撮影）

真備町の避難所では「避難指示が出て飛び出したけど、小さな用水路があふれていてもう車が出せなかった」「橋がもう渡れずしかたないから、家に戻って天井まであと20センチの所まで水がきた」「2階の窓から助け出された。電線が邪魔して自衛隊のボートが入らないから、サーフボードで迎えに来てくれた」など様々な声が聞かれました。

真備町の浸水した地域は、ほぼハザードマップ通りでした。(図5)

岡山県全体では61人の方が亡くなり、住宅全半壊8000棟以上で、

図5 真備町地区の浸水状況
(2018年7月7日現在)

●今回の浸水区域(国土交通省発表、7日現在)
・・ハザードマップの浸水想定エリア

指定避難所・指定緊急避難場所
▲洪水・土砂災害対応可
□対応不可

家屋の風水害としては岡山県で戦後最悪の惨事となりました。

▼2015年9月9日〜11日　関東・東北豪雨

２０１５年９月、関東・東北豪雨で鬼怒川が決壊し、甚大な被害を受けた常総市。常総市役所と当時市内最大の避難所となっていた水海道あすなろの里を取材しました。そこで聞かれた声は、「災害を甘くみていた。まさか自分が」「避難指示が出なかった」「出ていても、よくわからないうちに水がきてしまった」というものでした。常総市役所近くのマンション１階が床上浸水して、避難所で生活されていた女性は、「絶対大丈夫だと思っていた。10年前に引っ越してきて、この土地が低いという認識もなく、水を甘くみていた。」と話してくれました。夜はよく眠れないからか、日中に仮眠をとっていたときに、起きだして取材に応えてくださいました。「思い出が無くなってしまった。映画のパンフレットやチケット、家計簿も大事にとっておいたのに」という言葉も印象的でした。命が助かったのだから。と思うかもしれませんが、大切な思い出の品も紙類はすべてダメになってしまったという、浸水被害を象徴する悲しみの声です。

また常総市役所では、非常電源も水没し、市役所が市民や自衛隊とともに一時孤立する事態となりました。「避難訓練は通常地震を想定しており、洪水の避難を想定しておらず認識が甘かった。避難所が水没した地域もあるので、今回を踏まえて防災対策を考え直したい。反省している」と、洪水は想定外であったことを話してくださいました。

関東・東北豪雨では記録的な大雨となり、茨城県・栃木県・宮城県などで20人が死亡、一時1都19県で約24万人に避難指示が出されました。

9月9日に愛知県に上陸した後、日本海に進んだ台風18号は温帯低気圧に変わり、この低気圧に向けて南から流れ込む湿った風と、日本の東海上を北上していた台風17号から流れ込む湿った風の影響で、

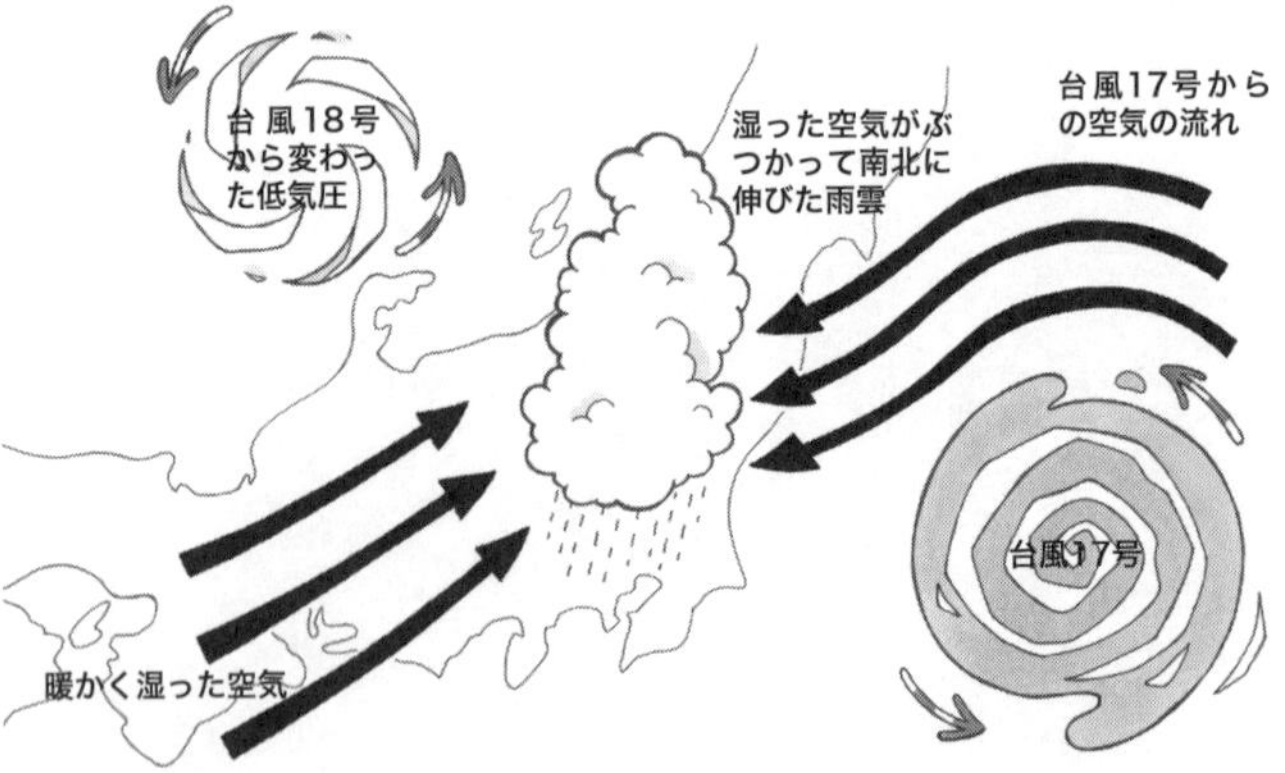

図6　線状降水帯

「線状降水帯」という南北に線のように伸びた雨雲の帯が次々と発生し、関東と東北で記録的な大雨となりました（図6）。降り始めからの総雨量が、9月1か月で平年降る降水量の2倍を超えた地域もあったのです。気象庁は9月10日、栃木県に午前0時20分、茨城県に午前7時45分、大雨の特別警報を発表しました。各地で土砂災害や河川の氾濫が起き、鬼怒川が決壊した茨城県常総市では、最大6223名の方が避難生活を送っていました。（2015年9月11日時点）

図7　鬼怒川決壊現場、1か月半後の様子（著者撮影）

当日、気象情報を担当していた私は、午前中のワイド番組で大雨の情報を伝えていましたが、大局的な見地で危機を伝えられなかった後悔があります。報道局に入ってくる河川氾濫情報、自治体の避難指示の情報などを、限られた時間の中で伝えることに奔走していました。栃木県で記録的な大雨となっている時点で、栃木県から茨城県に流れる河川が増水することは予測することができた……。だとしたら、気象情報の中で、「栃木から茨城にかけて流れる河川の下流にお住まいの方は、今後の情報にご注意ください」などの注意の呼びかけができたのではないかと思うのです。

対策 「危険から身を守るためには！」

これだけは守りたい防災のポイント

◎自分が住んでいる場所が浸水の可能性が高いか否か、確認する

まず、お住いの地域のハザードマップ（防災地図）を確認しましょう。ハザードマップは自治体の役場でも配布していますし、パソコンやスマートフォンをお持ちの方はインターネットで確認できます。

洪水ハザードマップでは、浸水想定区域、洪水時の指定避難所などがまとめられています。地震や火事の際の避難場所が、洪水時には開設されないところがありますので、あらかじめ「洪水」のときの避難場所を確認しておきましょう。雨が降ってからの避難は近くであっても困難を伴います。早めの避難が安全です。

浸水想定区域は、２００１年から自治体のハザードマップに記されていますが、２０１５年関東東北豪雨を機に、１０００年に一度の災害を想定した区域に拡大されました。浸水想定区域のなかでも、**家屋が水没するおそれのある区域（3メートル以上）**にお住まいの方は、最上階に避難しても浸水するおそれがあるので、早いうちの避難を検討してください。**その他の浸水想定区域（3メートル未満）**は、床上、または床下浸水が想定されるので、避難が望ましいですが、避難が難しかったり、避難するとかえって危険な場合は、浸水したときに想定される状況を踏まえて、自宅の２階以上にとどまり安全を確保しましょう。

→口絵「江戸川区ハザードマップ」（ii、iii）参照

★ハザードマップ（防災地図）とは

自然災害による被害の軽減や防災対策に使用する目的で、被災想定区域や避難場所・避難経路などの防災関係施設の位置などを表示した地図のこと。河川氾濫による洪水浸水ハザードマップ、土砂災害、地震災害、火山災害、津波浸水、高潮などの種類があります。

○おすすめのサイト：国土交通省の「ハザードマップポータルサイト」

「重ねるハザードマップ」では、自分の住所など見たい場所を入力するだけで、洪水や土砂災害・津波のリスク情報の他、土地の特徴・成り立ちまで、地図や写真に自由に重ねてみることができます。その場所の自然災害リスクについてもわかりやすく説明してあります。

「わがまちハザードマップ」では、各市町村が作成したハザードマップへリンクし、地域ごとの様々な種類のハザードマップを見ることができます。

パソコンやスマートフォンなどでインターネットが見られる方はぜひチェックを！　お気に入り登録をしておきましょう。

◎台風や低気圧が接近、上陸する可能性があったら、早めの避難を検討

台風や低気圧は、近づくまでに時間があります。接近・上陸の恐れがあったら、川や低い土地から高台へと早めの避難をしてください。高齢者、障がい者など避難に時間のかかる方は特に早めの避難を心がけましょう。公的な避難所でも良いですが、避難所が開設さ

れるまでに時間がかかる場合もあるため、高台に住む親戚や友人知人とあらかじめ話し合っておき、いざというときに身を寄せられるところをいくつか想定しておくと安心です。ホテルや旅館などの宿泊施設でも良いです。

◎雨が降り出したら、近くの川の水位を見守る

1、最新の天気予報を確認

①「大雨警報」「洪水警報」（警戒レベル3相当）などが発表される

警報は、警戒する事柄について、土砂災害、浸水害と区別して発表されます。「大雨注意報」「洪水注意報」の段階から、早期注意情報として「警報級の可能性」が示されるので、今後警報に変わる可能性があるのか、注意して推移を見守ってください。大雨特別警報ではレベル5（災害発生）に相当し、命を守る行動をとってください。そうなる前に行動することがカギです。

②線状降水帯を確認、予測する「顕著な大雨に関する情報」

気象庁は2021年6月から、線状降水帯による大雨が確認された場合に厳重な警戒や身の安全の確保を呼びかける「顕著な大雨に関する情報」を運用しています。この情報では、命に危険が及ぶ土砂災害や洪水が発生する危険度が急激に高まっていると住民に危機感を伝え、高層階に逃げる垂直避難などの参考にしてもらいます。2022年の梅雨前をめどに線状降水帯発生半日前の予報も始める予定です。

この注意情報は、警戒レベル5（大雨特別警報など）の一つ前にあたる警戒レベル4（土砂災害警戒情報など）に相当する気象情報で、発表された時点ですでに豪雨災害の危険が差し迫っている場合が多いです。気象庁では自治体の避難情報も踏まえて注意情報を活用してほしいとしています。

2、実際にどの河川のどの場所で洪水災害発生の危険度が高まっているのかを確認

インターネットを見られる環境にあるなら、気象庁のホームページの「洪水警報の危険度分布（洪水キキクル）」を参考にしてください。1キロメッシュで細かく現状がわかります。また大河川の場合「指定河川洪水予報」でも状況がつかめます。

洪水警報の危険度分布（洪水キキクル）を活用

洪水警報の危険度分布は、大雨による中小河川の洪水災害発生の危険度の高まりを地図上でおおむね1キロメートルごとに5段階に色分けして示す情報。10分毎に更新しているのでどこで危険度が高まっているかを把握することができます。中小河川の特徴である急激な増水による危険度の高まりに対処するため、危険度判定には3時間先までの流域雨量指数の予測値を用いています。大河川で洪水のおそれがあるときに発表する指定河川洪水予報についても表示しているので中小河川の洪水危険度と合わせて確認することができます。河川の水位計や監視カメラなどで現地情報も確認しましょう。

→口絵「洪水キキクル」（iv）参照

★キキクルとは

気象庁は、大雨による災害発生の危険度の高まりを地図上で確認できる「危険度分布」の愛称を公募し、２０２１年3月、１２００通を超える応募の中から鹿児島県の当時小学

6年生の女子児童の案が採用され「キキクル」に決定しました。この愛称は「危機が来る」がもとになっていて、危険が迫っていることがわかりやすいことなどが評価されました。より多くの方にこの「キキクル」という愛称を通じて「危険度分布」を知っていただき、いざというときの自主的避難に活用してもらいたいです。土砂災害、浸水害、洪水の危険度分布について、それぞれの愛称を使った表記は次のようになります。

大雨警報（土砂災害）の危険度分布→土砂キキクル
大雨警報（浸水害）の危険度分布→浸水キキクル
洪水警報の危険度分布→洪水キキクル

★危険度分布とは

雨による災害（土砂災害・浸水害・洪水）の危険度を5段階に色分けして地図上にリアルタイム表示するもので、活用すれば災害から自分や大切な人の命を守ることができる情報です。気象庁ホームページや各社が提供するスマホアプリから届く「危険度通知」にも使われている情報です。

3、川の上流で記録的な雨が観測されたら要警戒

記録的短時間大雨情報

数年に一度くらいしか発生しないような、激しい短時間の大雨（1時間に100ミリ前後の雨）が観測・解析されたときに発表されます（2021年6月から、当該市町村が警戒レベル4相当の状況となっている場合にのみ発表と改善）。この情報が、自分が住んでいる地域に流れる川の上流域で観測された場合は、その後、川の増水氾濫が予想されるので警戒が必要です。

4、河川氾濫とはかかわりなく発生する浸水害は、大雨警報（浸水害）の危険度分布（浸水キキクル）で確認

浸水キキクルの情報は、下水道などで排水しきれないほどの大雨が短時間で降ったことが原因で、河川の氾濫とはかかわりなく発生する浸水害（内水氾濫）の危険度の高まりを示しています。地下室や道路のアンダーパスなどは特に危険です。情報を参考に各自の判断で早めに危険な場所から離れてください。

◎自治体からの避難指示などの情報に注意

パソコンやスマートフォンなどでインターネットが見られる環境の方は自治体のホームページで確認できるほか、携帯電話に自治体からのエリアメールが届くこともあります。テレビやラジオでも伝えられます。自治体の防災行政無線や広報車による呼びかけにも注意してください。（雨音で聞きづらいことも多いです。）

◎雨が弱まったり止んだりした後も、川の様子を見に行かない！

川の増水にはタイムラグ（時間差）があります。近隣で雨が弱まっても川の上流で降っていれば、その後下流が増水します。雨が止んでも決して川や用水路の様子を見に行かないでください。これで命を落とした方がいます。２０１９年台風19号（令和元年東日本台風）では、長野県の大雨特別警報が警報に切り替わった後、千曲川の氾濫が発生しています。

まとめ

自分の住んでいる場所・近隣の浸水の危険性を事前に調べておく!

台風や低気圧接近のおそれがあったら、避難検討

雨が降り出したら洪水警報の危険度分布などで、周辺河川の危険度を把握。高台へ早めの避難! 難しければ、家の中の2階以上に避難!

河川氾濫とはかかわりなく発生する浸水害は、大雨警報(浸水害)の危険度分布で確認

自分の安全は自分で守る!

雨が止んでも、川の様子を見に行かない!

1 大雨（河川氾濫・浸水）

②大雨災害
土砂災害

伊藤佳子記者が
お伝えします

事例 車も家も田畑も一気に破壊。凄まじい力で襲ってくる土砂災害

▼**2017年7月5日～6日「九州北部豪雨」**

「あんた、一番ひどいところ、見てきたんか？　見てきたら、何でも答える……」

福岡県朝倉市杷木松末の被災現場、インタビューを頼んだ男性に言われた言葉です。おびただしい量の流木や岩が転がり、家や車は土砂に埋まっていたり、全壊していたり……。川だと思っていた場所は元は田んぼ、道に立っていたつもりが50センチ堆積した土砂の上でした。真砂土の山は、表層崩壊し、杉など根がついたまま流れ落ちているものも。

妻が行方不明というその男性は、「豪雨の中で、防災無線も聞こえんとですよ。だから避難自体も皆さん遅れて。ありえない……この前の通路をたんすが流れていった……」と当時の様子を語ってくれました。流出した土砂は赤谷川流域だけで東京ドーム１杯分。流

木は20万トン。

もともと台風が湿った空気をもたらした所に梅雨前線が南下し、対馬海峡付近に停滞、そこに太平洋高気圧の縁をまわってくる暖かな湿った空気、さらに大陸からも暖かく湿った空気が流れ込み、ぶつかって、線状降水帯が形成、維持され、同じ場所に猛烈な雨を継続して降らせました。

図8　福岡県朝倉市、自衛隊による救出活動。おびただしい流木が積み上がる（著者撮影）

図9　大分県日田市、花月川にかかるJR久大線の橋梁が流された現場（著者撮影）

福岡県朝倉市黒川では9時間で平年の2か月分を超える800ミリ近い雨が降るという異常な事態となり、福岡県朝倉市と東峰村、大分県日田《ひた》市であわせて40名以上の方が亡くなりました。

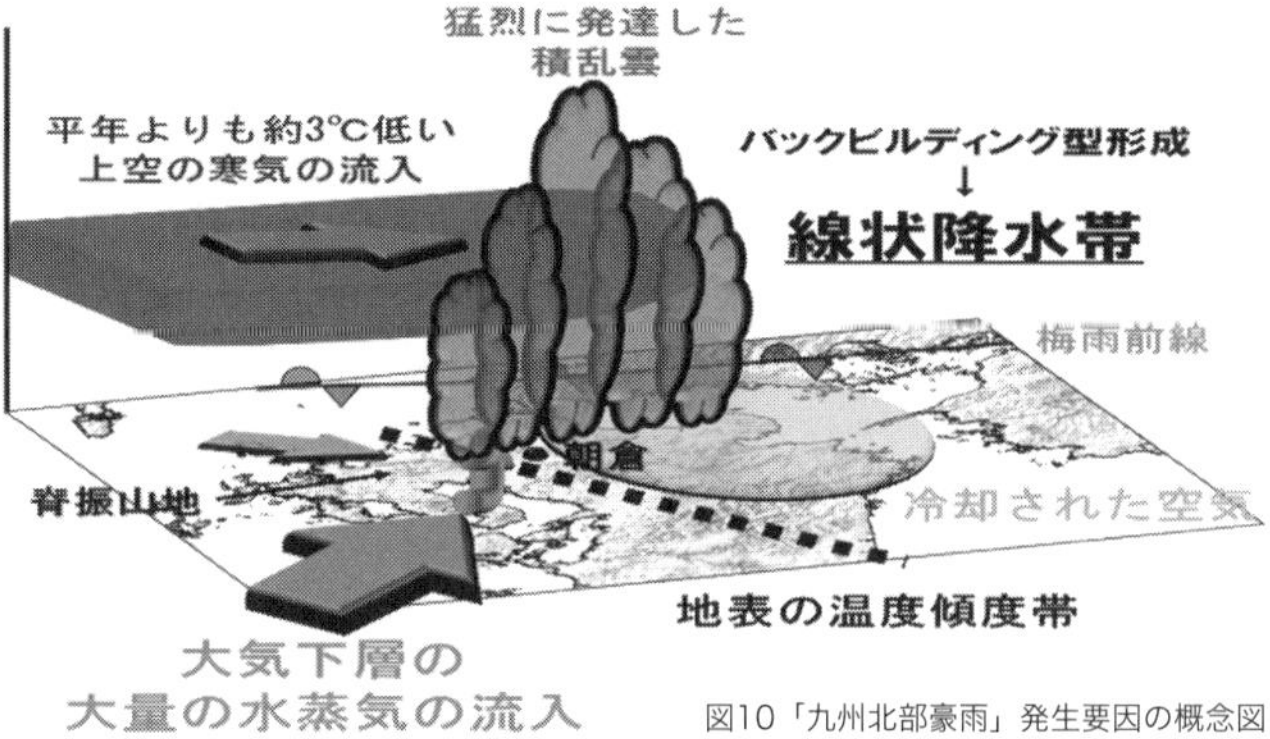

図10「九州北部豪雨」発生要因の概念図

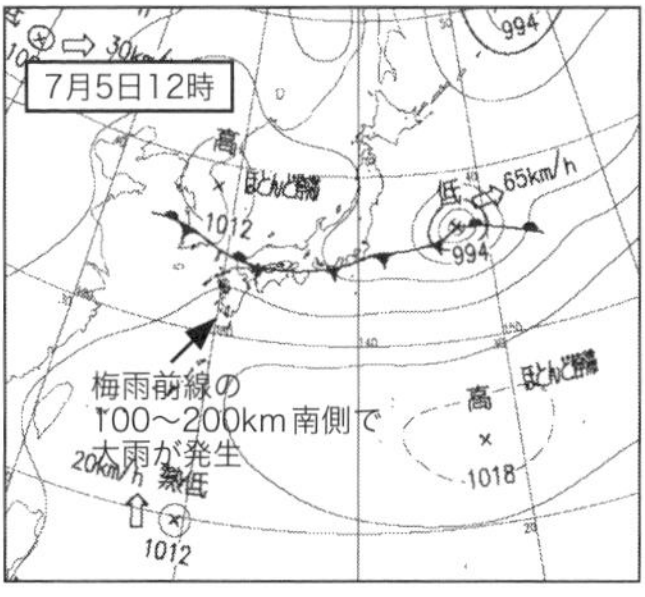

図11　速報地上天気図（いずれも提供：気象庁気象研究所）
大雨は、梅雨前線の100〜200キロメートル南側で発生。

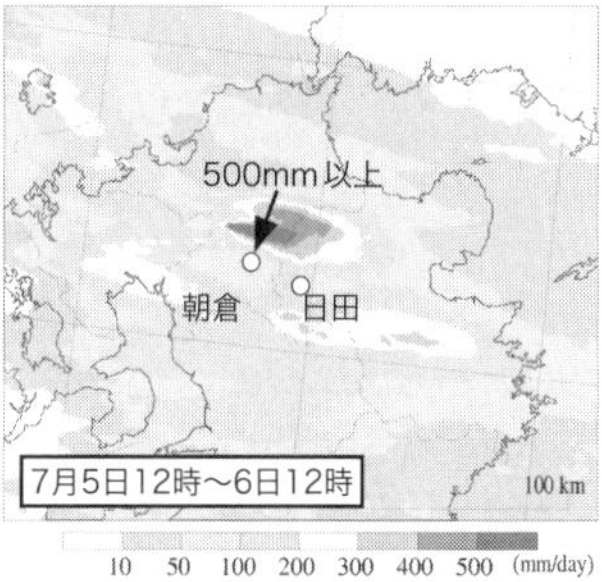

図12　24時間積算降水量
福岡・大分県では、500ミリを超える記録的な降水量。

▼2018年6月28日～7月8日「西日本豪雨」

→「1　大雨災害（河川氾濫・浸水）」（18頁）参照

焼けつくような暑さの中、行方不明の高校生を探しながら、慎重に土砂を掻き出す作業が続けられている……道には土石流でぐしゃぐしゃに壊れた何台もの車がたまっている……多くの家が倒壊した広島県広島市安芸区。

「山が崩れて、岩と流木と土砂が流れてきて、家の前の道は冠水。水が反対に逆流して流れて、あっけにとられた」「砂防ダムができたから安心してたのに、まさかそれを乗り越えてここまでくるとは……」「冗談では、ここは陸の孤島になるよねって言ってたんです。まさかほんとになるとは。わかってたのに、なんで備えてなかったんだろう……」片付けに追われながら答えてくれた住民の声です。

広島県では484か所で土砂災害が発生し、7000か所以上の斜面が崩落、死者不明者114名のうち87名が土石流によって犠牲となりました。東西の軸となるJR山陽本線や道路は寸断し、断水も呉市でおよそ1か月続くなど、長期にわたり市民生活に大きな影響を及ぼしました。

図13　広島市安芸区の被災現場（著者撮影）

▼2019年10月24日～26日　「千葉県と福島県で記録的な大雨」

「にぶい雷が落ちたようなドドドーンという音が聞こえてきた。家が倒れて道をふさいだ。危険だ、すぐ逃げろと車で逃げた」

千葉市緑区誉田町《ほんだちょう》の崖崩れ現場。2軒隣の家が全壊し、自分の家も立ち入りが制限される「危険宅地」のシールがはられた男性は、当時の様子を話してくれました。以前から土留めから茶色い水が出ていたり、危ないと思っていたそうです。女性2人が亡くなった場所は、かなりの高さから崖が崩れ、むき出しの土には電柱や木が倒れ、壊れた住宅の上には冷蔵庫などの家電や布団などが散乱していました。

台風21号や低気圧の影響で記録的大雨となった千葉県。4人が死亡した県内の3か所の土砂崩れ現場は「土砂災害警戒区域」に指定されておらず、自治体の防災対応が問われました。この災害現場は事故後の現地調査で、傾斜角度30度以上などの警戒区

図14　千葉県千葉市緑区誉田町の土砂崩れ現場。2人死亡、2棟が全壊（著者撮影）

域に入る条件を満たしていることがわかり翌年指定されましたが、「遅すぎる」「土地の資産価値が下がる」と話す住民もいました。

この年、千葉県は台風15号の暴風、19号の大雨についで、3回目の甚大な被害に見舞われたことになり、住民からは「なんで千葉ばかり……」という声も聞かれました。

対策☘ 危険から身を守るためには！

これだけは守りたい防災のポイント

◎自分が住んでいる場所がどういうところなのか知る！

まずは自分が住んでいる場所がどういう危険があるところなのか、知ることが大切です。ハザードマップで確認しましょう。国土交通省のハザードマップポータルサイトが便利です。

↓「1　大雨災害（河川氾濫・浸水）」（26頁）参照

◎住んでいる場所が「土砂災害警戒区域」かどうか確認する！

土砂災害警戒区域、土砂災害特別警戒区域という土砂災害防止法に基づく2つのエリアがあります。**土砂災害警戒区域をイエローゾーン、土砂災害特別警戒区域をレッドゾーン**と呼んでいます。レッドゾーンは土砂災害によって家が壊れたりする可能性が高いエリア。イエローゾーンも土砂が到達したり土地が崩れたりするエリアで、災害が起こる可能性があります。

自分の家や近隣、職場、通勤・通学などで利用する道路が、土砂災害警戒区域に入っているか確認し、避難経路や避難場所も決めておきましょう。

ただし、千葉の事例でもご紹介したとおり、「土砂災害警戒区域」に入っていなくても、土砂災害が発生することがあります。国土交通省によりますと、２０１９年台風19号等による土砂災害で、人が亡くなったり家が損壊するなどの被害が発生した箇所のうちおよそ7割は、土砂災害警戒区域に指定されているなど危険が周知されていましたが、残りの3割は指定区域の外でした。

「土砂災害危険区域」「土砂災害危険箇所」でなくても、近くに「がけ地」や「小さな沢」などがあれば注意してください。また、昔から住んでいる地域の方に、過去どんな自然災害があった場所か話を聞いておくことも大切です。

◎雨が降り出したら「土砂災害警戒情報」に注意する！

「土砂災害警戒情報」とは、大雨警報が発表されている状況で、土砂災害の危険度が非常に高まった時に対象となる市町村に出されます。過去のデータから土砂災害の発生する2時間ほど前に出されます。気象庁や自治体のホームページで確認できるほか、テレビやラジオの気象情報でも発表されます。携帯電話に自治体からのエリアメールが届いたり、スマートフォンの「Ｙａｈｏｏ！防災速報」で見ることができます。

また、パソコンやスマートフォンでインターネットが見られるなら、気象庁や自治体のホームページの「土砂キキクル」（危険度分布）を参考にしてください。一度スマートフォンで気象庁のトップページにあるキキクル（危険度分布）のアイコンをクリックして、住んでいる市町村をクリックしてみてください。様々な防災情報が見られます。

↓「1　大雨災害（河川氾濫・浸水）」（30頁）参照

ただ、九州北部豪雨で被災した自治体担当者の話では、本当にひどい災害に見舞われているさなか、パソコンを開く余裕は全くなかったということで、当時情報を確認し利用できたという自治体は、比較的被害の少ない自治体でした。個人でも事前に自分で情報を取りに行き、早めに自分や家族にあった準備をすることが大切です。また、スマートフォンに災害に役立つアプリをあらかじめ入れておきましょう。

◎土砂災害警戒情報が発表されたら早めに避難する！

お住まいの地域に土砂災害警戒情報が発表されたら、早めに近くの避難場所など、安全な場所に避難しましょう。また、強い雨や長雨のときなどは、市町村の防災行政無線や広報車による呼びかけにも注意してください。高齢の方や障害のある方など避難に時間がかかる人は、移動時間を考えて早めに避難してもらうことが大切です。

また、土砂災害の多くは木造の１階で被災しています。どうしても避難が難しかったり、避難する方がかえって危険な場合は、近くの頑丈な建物の２階以上に緊急避難するか、家の中でより安全な、がけから離れた部屋や2階などに避難しましょう。

◎土砂災害の前兆現象にも注意する！

土砂災害には、「がけ崩れ」「地すべり」「土石流」の3つの種類がありますが、多くの場合、前兆現象が現われます。前兆現象に気づいたら、まわりの人にも知らせ、一刻も早く安全な場所に避難しましょう。

①がけ崩れの前兆現象

・がけにひび割れができる
・小石がパラパラと落ちてくる
・がけから水が湧き出る
・湧き水が止まったり濁る
・地鳴りがする

②地すべりの前兆現象

・地面がひび割れたり陥没したりする
・がけや斜面から水が噴き出す
・井戸や沢の水が濁る
・地鳴り・山鳴りがする
・樹木が傾く
・亀裂や段差が発生する

③土石流の前兆現象

・山鳴りがする
・急に川の水が濁り、流木が混ざり始める
・腐った土の匂いなど変な匂いがする
・雨が降り続いているのに川の水位が下がる
・立木がさける音や石がぶつかり合う音が聞こえる

（政府広報オンライン・気象庁ホームページより）

まとめ

自分の住んでいる場所・近隣の土砂災害警戒地域を知る！
雨が降ってきたら土砂災害警戒情報に注意！
避難するなら早めの避難！　難しければ、家の中のがけから離れた場所や2階に避難！
自分の安全は自分で守る！

② 大雨災害（土砂災害）

③暴風被害
台風

伊藤佳子記者が
お伝えします

事例 屋根を飛ばし家を破壊！おそるべしコンパクト台風

▼2019年9月9日　台風15号「千葉で家屋崩壊・大規模停電！」

「ごらんの通り、全壊。もう住めない……先のことは考えられない……」

千葉県館山市布良《めら》地区、屋根が飛び、1階の部屋には天井にたまった水が音を立てて流れ落ちている……壊れた家の中で、77歳の女性は、時折涙ぐみながら状況を語ってくれました。（図17）

「甘く考えすぎてた。いつもの台風の感覚でいたから。台風は小さいから、強いっていっても、そんなに強くないって感じでいた。来たら、すごい強いから、みんなびっくりしてたんじゃないですか……」

鋸南町岩井袋《きょなんまちいわいふくろ》地区でも、屋根が壊れて、窓ガラスは割れ、ブルーシートをかけた家がほとんど。ガラスがすべて割れた車を前に、地元の男性は話してくれました。

「寝室が鉄骨で壊滅的。4か月の子供が寝ていて、間一髪で助かった……」

千葉県市原市、ゴルフ練習場の長さ40~50メートルの鉄柱がネットごと倒れて、およそ20棟が押しつぶされるなどの被害を受けた住宅街で、鉄柱が2階の部屋にめり込んだ状態のまま、片付けをされていた女性の言葉です。(図16)

正直、私もここまで甚大な被害になるとは思っていませんでした。昔で言う「豆台風」。コンパクトだし、当初甘く考えていました。「豆台風」は規模は小さいけれど中心気圧が低く、急に暴風域に入るため、昔から予報官に警戒されていたもの。関東にとっては最悪のコースを通りました。

台風は9日未明に三浦半島を通過、東京湾を縫うように北上し、朝5時前に中心気圧960ヘクトパスカルという記録的な強さで千葉市付近に上陸。朝8時ごろに茨城県沖へ抜

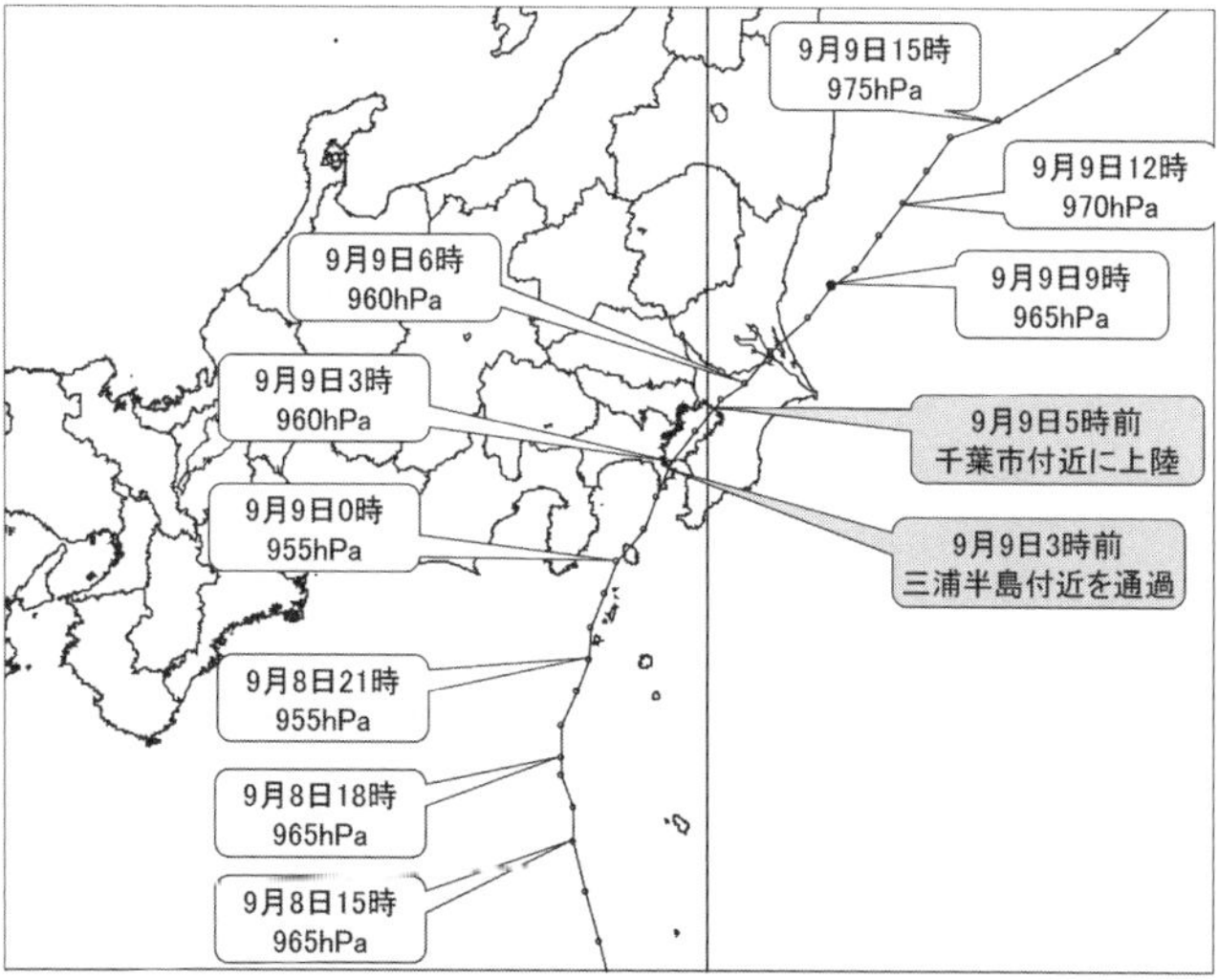

図15　台風15号経路図（東京管区気象台より）

けました。

　中心の東側、危険半円に当たる千葉を中心に、千葉市で最大瞬間風速57・5メートルを記録するなど、19の地点で観測史上1位の記録を更新しました。計画運休に踏み切った交通機関も、復旧に予想以上に時間がかかり、混乱しました。

　千葉県を中心に、全半壊した家屋は4000棟以上に及び、最大およそ93万戸が停電。電柱およそ2000本が倒壊するなど、大規模停電は2週間以上と長期化し、停電による断水など、ライフラインに大きな影響を及ぼしました。

　台風がきた翌日、千葉県市原市に取材

に行きました。道路の信号はところどころ消えていて、停電のため、携帯電話もつながりにくい。屋根や看板がめくれあがっている。取材に伺った五井地区の老人ホームでは、停電でエアコンも使えず、ナースコールもききません。暗い中で作業を続けている職員の方も、家が壊れたり停電したりしており、帰ったら水風呂に入ると話していました。

週末には、館山市や鋸南町を取材。多くの壊れた建物や折れた電柱を見て、暴風被害の

図16写真上　市原ゴルフガーデン鉄柱倒壊現場（著者撮影）
図17写真下　館山市米良地区の屋根が飛んだ家（著者撮影）

凄まじさに目を疑いました。地元の大工さんは、復旧までどのくらいかかるのか見当がつかないと語り、災害ごみの処理も大きな問題となりました。

▼2018年9月4日　台風21号「関空が冠水！」

台風21号は、25年ぶりに「非常に強い勢力」で、徳島県や兵庫県に上陸し、近畿地方を縦断しました。記録的な暴風や高潮となり、関西国際空港では最大瞬間風速58・1メートルを観測。大阪湾ではタンカーが関西国際空港の連絡橋に衝突し、関空は閉鎖。一時およそ8000人が空港内に孤立しました。

近畿や四国の沿岸部では、記録的な高潮となり、大阪では過去の最高潮位を上回る329センチを観測。関空の滑走路や駐機場が広い範囲で浸水。自動車メーカーなどが工場の操業を休止するなど関西地方を中心に企業活動に影響が出ました。

対策 危険から身を守るためには！

これだけは守りたい防災のポイント

◎台風が近づいてきたときの暴風対策

1、家の外の備え

①大雨が降る前、風が強くなる前に行いましょう

・窓や雨戸、シャッターはしっかりと閉め、鍵をかけ、必要に応じて補強する。

・風で飛ばされそうな物干し竿や植木鉢、自転車などは、家の中にいれるか、ヒモやネットで固定しておく。

・ベランダに洗濯機を置いている場合は、洗濯槽に水をいっぱいに溜めるなどして風に飛ばされないようにし、ふたやコード、ホースはガムテープなどで本体に固定する。

②台風が近づく前に、屋根瓦のひび割れやずれ、トタンのめくれ、雨戸のがたつきや緩みがないか確認し、危険な所があれば修繕しておきましょう

2、家の中の備え

①室内からの安全対策

窓ガラスの内側から、段ボールや飛散防止フィルム・養生テープなどを貼ったり、万が一、物が飛び込んできた場合に備えて、カーテンやブラインドをおろしておく。

②停電対策

スマートフォンやパソコンを充電し、携帯電話用のモバイルバッテリーや乾電池を備える。ペットボトルに水を入れて凍らせ、冷蔵庫の保冷や飲み水に。カセットコンロとガスボンベの準備。

③水の確保

断水に備えて飲料水を用意する。1日あたり1人3リットルを目安に備蓄。水道水を直接蛇口からきれいなペットボトルや水筒などに入れて蓋を閉めれば、常温で3日もつ。浴

槽に水を張るなどして生活用水を確保する。
④近所の給水拠点の確認とポリタンクの準備
↓「5　台風」（87頁）参照

◎自分が住んでいる場所がどういうところなのか知る！

まずは自分が住んでいる場所がどういう危険があるところなのか、知ることが大切です。ハザードマップで確認しましょう。

↓「1　大雨災害（河川氾濫・浸水）」（26頁）参照

◎気象庁の警報や特別警報、自治体の出す避難情報に注意！

風雨が強まってからの避難はかえって危険な場合もあります。避難するなら早いうち、暗くなる前の避難が大切です。

２０１９年から、国や自治体が発表する気象や避難の情報を、５段階の「警戒レベル」で知らせるようになりました。さらに２０２１年５月には、「避難情報」の警戒レベル４の「避難勧告」が廃止され、「避難指示」に一本化されました。

↓口絵「５段階の警戒レベルと防災気象情報」（ⅴ）参照

避難行動が求められるのは、**「レベル3」**の**「高齢者等避難」**から。高齢者や介助が必要な人に早めの避難を呼びかけます。**「レベル4」**は**「避難指示」**「危険な場所から全員避難」が原則となります。**「レベル5」**は**「緊急安全確保」**すでに災害が発生しているか特別警報が発表されていて、「命を守る最善の行動をとるよう」呼びかけます。レベル５を待たずに、レベル４になったら速やかに避難してください。

とはいえ、リスクはそれぞれ違います。自分の住んでいる場所や、家族に高齢者や小さなお子さんがいるなど状況によって取る行動も違ってきます。自宅が安全なら「在宅避難」が一番です。まして、コロナ禍で感染症のリスクがあり、避難所が定員いっぱいで入れないことも考えられます。繰り返しになりますが、親戚・知人の家、ホテル、車中泊、テント泊などへの分散避難を考えておきましょう。

→第2章「3　感染症と分散避難」(210頁)参照

避難するのがすでに危険な場合は、近くでより頑丈な建物があればそこに避難。自宅にとどまるのであれば、がけから離れた2階以上の部屋へ垂直避難を！　早めに危機感を持ち、状況に応じた行動を！

まとめ

避難するなら早めの避難！　空振りを恐れない
飛びやすいものは家の中にいれる！
雨戸のない窓はガラスの飛散対策を！
停電と断水に備える！

③ 暴風被害（台風）

屋外・樹木の様子	走行中の車	建造物	おおよその瞬間風速（m/s）
全体が揺れ始める。 が揺れ始める。	道路の吹流しの角度が水平になり、高速運転中では横風に流される感覚を受ける。	樋（とい）が揺れ始める。	
が鳴り始める。 やトタン板が外れ始め	高速運転中では、横風に流される感覚が大きくなる。	屋根瓦・屋根葺材がはがれるものがある。 雨戸やシャッターが揺れる。	
・木の幹が折れたり、 張っていない木が倒れる。 が落下・飛散する。 標識が傾く。	通常の速度で運転するのが困難になる。	屋根瓦・屋根葺材が飛散するものがある。 固定されていないプレハブ小屋が移動、転倒する。 ビニールハウスのフィルム（被覆材）が広範囲に破れる。	
	走行中のトラックが横転する。 車の運転は危険	固定の不十分な金属屋根の葺材がめくれる。 養生の不十分な仮設足場が崩落する。	
の樹木が倒れる。 や街灯で倒れるものが 。 ック壁で倒壊するもの ・る。		外装材が広範囲にわたって飛散し、下地材が露出するものがある。	
		住家で倒壊するものがある。 鉄骨構造物で変形するものがある。	

速は地形や廻りの建物などに影響されますので、その場所での風速は近くにある観測所の値と大き
異なることがあります。
速が同じであっても、対象となる建物、構造物の状態や風の吹き方によって被害が異なる場合があ
ます。この表では、ある風速が観測された際に、通常発生する現象や被害を記述していますので、
れより大きな被害が発生したり、逆に小さな被害にとどまる場合もあります。
や物への影響は日本風工学会の「瞬間風速と人や街の様子との関係」を参考に作成しています。今
、表現など実状と合わなくなった場合には内容を変更することがあります。

図18　風の強さと吹き方（気象庁資料を加工して作成）

風の強さ（予報用語）	平均風速（m/s）	おおよその時速	速さの目安	人への影響
やや強い風	10以上 15未満	～50km	一般道路の自動車	風に向かって歩きにくくなる。傘がさせない。
強い風	15以上 20未満	～70km	高速道路の自動車	風に向かって歩けなくなり、転倒する人も出る。高所での作業はきわめて危険。
非常に強い風	20以上 25未満	～90km		何かにつかまっていないと立っていられない。飛来物によって負傷するおそれがある。
	25以上 30未満	～ 110km		
猛烈な風	30以上 35未満	～ 125km	特急電車	屋外での行動は極めて危険。
	35以上 40未満	～ 140km		
	40以上	140km ～		

（注1）平均風速は10分間の平均、瞬間風速は3秒間の平均です。風の吹き方は絶えず強弱の変動が
瞬間風速は平均風速の1.5倍程度になることが多いですが、大気の状態が不安定な場合等は
上になることがあります。
（注2）この表を使用される際は、次の３点にご注意下さい。

④ 局地的短時間大雨・ゲリラ豪雨

伊藤佳子記者が
お伝えします

事例 半日で一か月分の雨……雨が上がってしばらくしてから浸水被害

「雨の降り方が変わった……」誰もが感じているのではないでしょうか。記録的短時間大雨情報の発表で「1時間に100ミリ以上の雨」に、それほど驚かなくなりました。温暖化のスピードは予想以上に速まっているとみられますが、1度気温が上がると、大気中の水蒸気の量は7％増える、つまり大雨になりやすいのです。確かに1時間に50ミリ以上の大雨の降る回数は、40年ほどで1・5倍に増えています。(図19)

▼2019年10月25日　千葉県千葉市・八街市付近で1時間におよそ100ミリの雨

「半日で異常な降り方だった。やっぱり温暖化？　自然の力ってすごいね。寝てて娘に起こしてもらって、深い所は腰まで水が来た」千葉県佐倉市で高崎川・鹿島川が氾濫、浸水したコーヒーショップのご主人は水につかった状況を見せてくれました。

「雨が上がって夜の12時まで巡回して、一度撤収した。夜中の2時に鹿島川が越水して住宅側に水が出た」地元の消防団の男性は、ポンプで排水作業をしながら話してくれました。

浸水被害は雨が上がった後、皆さんが少しほっとされた頃に襲ってくることが多いということを実感しました。

関東の東海上を進んだ台風21号からの暖かく湿った空気が、関東南岸を進んだ低気圧と房総半島付近でぶつかり、雨雲が次々と発生。千葉市や八街市で1時間におよそ100ミリの猛烈な雨が降り、記録的短時間大雨情報が発表されました。

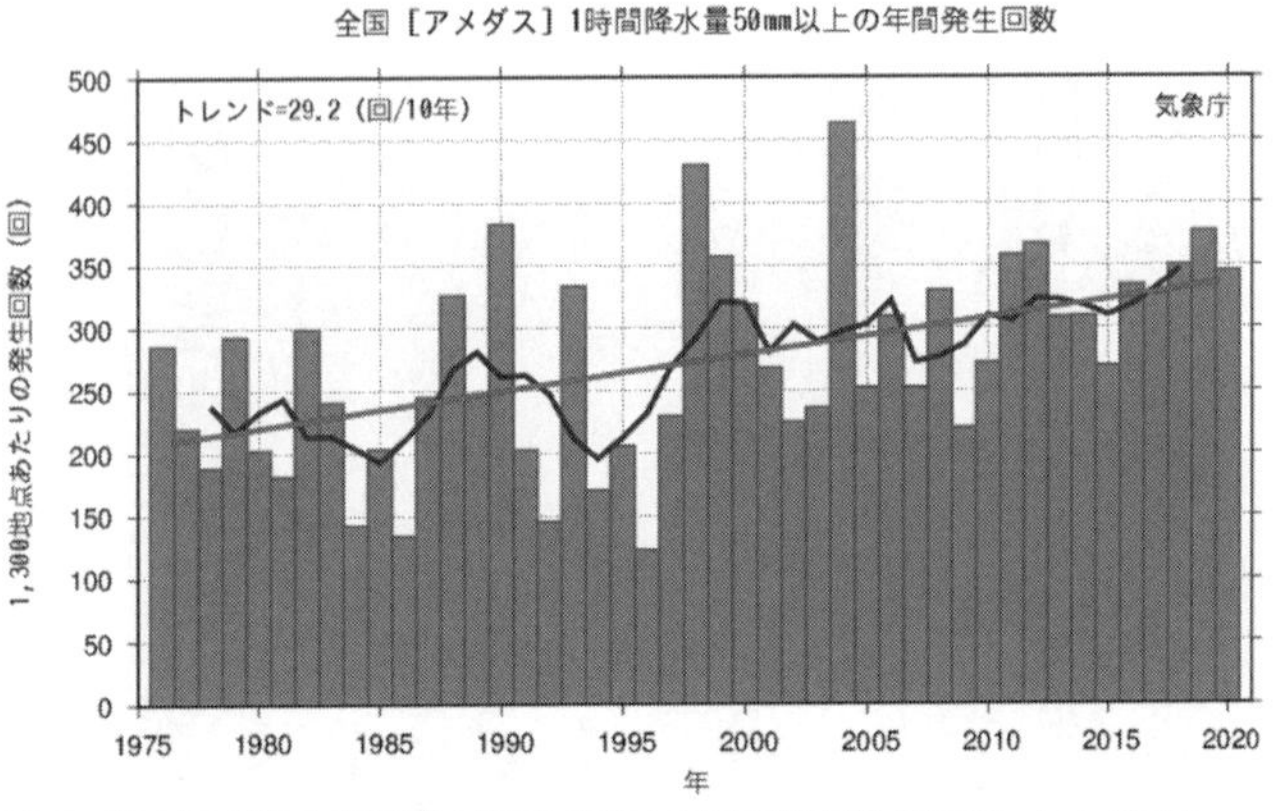

図19　全国［アメダス］1時間降水量50ミリ以上の年間発生回数（気象庁ホームページより）

半日で10月1か月分を超える雨が降った所もあり、千葉県や福島県で亡くなった方は、合わせて10人を超え、5つの県で27の河川が氾濫し、4つの県で土砂災害が発生しました。このとき千葉駅構内や駅前も浸水、道路の冠水や交通網が寸断し、学校で一夜を明かした生徒も多く出ました。

翌日千葉県佐倉市の浸水現場に行き、流されて水没し動けなくなった乗用車の中から、男性がボートで救出される場面を取材しましたが、この豪雨で亡くなっ

図20写真上　千葉県佐倉市、ポンプ車で排水作業（著者撮影）
図21写真下　浸水現場。水没した車から男性を救出（著者撮影）

た方の半数以上が避難中に水没した車の中で亡くなりました。

▼2018年8月27日　東京世田谷区で1時間に110ミリの雨

前線に向かって暖かく湿った空気が流れ込んだところに、日中35度を超える暑さとなり、大気の状態は非常に不安定に……夜9時までの1時間に世田谷区でおよそ110ミリの猛烈な雨が降りました。

杉並区の阿佐ヶ谷駅前や世田谷区の経堂駅などが浸水、落雷などの影響で停電が発生。杉並区や世田谷区などで、あわせて58棟が浸水被害に遭いました。

▼2017年8月17日「たまがわ花火大会」ゲリラ豪雨と落雷で中止

多摩川河川敷の花火大会会場で、急な豪雨と落雷に逃げまどう観客の姿がテレビに映し出されていたのを覚えている方も多いもしれません。花火会場では落雷で9人が救急搬送され、練馬区や世田谷区で39棟が浸水の被害に遭いました。

上空の寒気と湿った空気、日中の気温の上昇で、大気の状態が非常に不安定となり、積乱雲が発達。夕方から雷雨となり、午後5時半までの1時間に練馬などでおよそ70ミリの非常に激しい雨が降りました。

▼2008年8月5日　マンホールで作業中5人が死亡。関東一円ゲリラ豪雨

この日午前、文化放送の「お天気気象転結」で伝えていた予報は、「曇り一時雨。午後の降水確率は40%。25日連続の真夏日となるでしょう」。

群馬などには「大雨警報」が出ていたものの、東京にはまだ「大雨注意報」すら発表されていませんでした。その1時間あまり後に、豊島区雑司ヶ谷で下水道工事中の作業員5人が流され死亡という痛ましい事故が起きたのです。この事故は東京23区に「大雨注意報」が発表された5分後に起こっており、「大雨警報」に切り替わったのは、事故のおよそ1時間も後だったのです。事故現場周辺では、1時間に50〜80ミリ相当の雨が降っていました。

▼２００８年７月28日　神戸市都賀川が急激に増水

この日は午後２時ごろまで晴れていて、夏休み中ということもあり、たくさんの子どもたちが川遊びを楽しんでいました。午後２時半すぎ、急に小雨が降り始め、何人かは橋の下で雨宿りをしました。すると雨足が強まり天気は急変。子どもたちと引率者が川から避難を始めた直後、上流から水流が押し寄せ、川は急激に増水、10分間で水位は１メートル34センチも上昇し、川に飲み込まれた子どもを含む５人が死亡しました。

▼２００８年８月16日　東北自動車道の下を通るアンダーパスで浸水

軽自動車が水につかり停止。水圧で車のドアが開かなくなり、携帯電話で１１０番通報したものの救助が間に合わず、運転していた女性が死亡しました。

対策 危険から身を守るためには！

これだけは守りたい防災のポイント

◎道路が冠水している時は、車を使わず、建物の上に垂直避難！線路や高架下のアンダーパスなどに入らない

浸水被害が想定されるときの車での避難は危険です。行政情報やニュースに注意して早めの避難！　車は水深が30センチ（マフラーの排気口の高さ）より深くなると、エンジンが止まって走行ができなくなります。冠水した道路を走行できる深さは、車の床面に水がつかない水深10センチぐらいまで。エンジンが停止する前にパワーウインドーを開けて脱出する行動をとりましょう。脱出できないときは、ハンマーなどの叩き割る道具が必要です。ただし、高齢者の場合、水没した車内から窓を割って脱出するのは難しいと言われます。

車内は安全だと思わず、水がたまった所には車で入らないようにしましょう。また、運転中に滝のような大雨に襲われたら、ワイパーをハイスピードにしても対向車や通行人が見えにくくなります。停めやすい所に車を一時停止させ、豪雨が過ぎ去るのを待ちましょう。

◎地下室や地下道には入らない

外から大量の水が押し寄せると、水圧のため扉は中から開けることができなくなります。ドアは浸水の深さ30センチで開かなくなります。避難情報に注意し、冠水する前に避難しましょう。

◎大雨で浸水した道は歩かない

図22　浸水30cmでドアは開かなくなる

マンホールのふたが開いている事に気づかずに、転落する可能性があります。大雨で道と用水路・川との境目がわからなくなり、落ちて流されることもあります。足元に注意しながら建物の中に避難しましょう。また、長靴は中に水が入ると歩きにくくなるため、運動靴をはきましょう。どうしても浸水した道を歩かなければならないときは、長い棒のようなもので、足元を確認しながら避難してください。

◎川や用水路の近くにいるとき　雨が降り始めたり、空や川に異変を感じたら→すぐに水のそばから離れて高い所へ

例えば、川などでの釣りや水遊び、河原や川の中洲でのキャンプ・バーベキュー・沢登りなどの場面で、その場でたいした雨が降っていなくても、上流に降った雨で、急に川が増水することがあります。水辺の近くでの「サイレンの音」は、ダム放流の合図です。川の水かさが増え、濁ったり、枝などが流れてくる時は危険です。

◎こんなときは注意しましょう

①大雨に関する気象情報が出される。
②最新の天気予報で、「大気の状態が不安定」という言葉が出てくる。雷注意報が発表され、「落雷・急な強い風・突風・ひょうにもご注意ください」とコメントされる。「大雨警報」「洪水警報」などが発表されている。
③低地の路上で「大雨時道路冠水注意」の看板がある。
④空を見上げると、積乱雲（雷雲）の近付く兆し・サインが見える。

パソコンやスマートフォンで、気象庁ホームページのトップページにアイコンがある浸水キキクル（危険度分布）をチェックしてみましょう。

→「1　大雨災害（河川氾濫・浸水）」（30頁）参照

★「積乱雲（雷雲）の近付く兆し」とは？

急に黒い雲がむくむくとふくらんでくる。

真っ黒い雲が近づき、周囲が急に暗くなる。
雷鳴が聞こえたり、雷光が見えたりする。
ひやっとした冷たい風が吹き出す。
大粒の雨やひょうが降り出す。

まとめ

被害をイメージする力→危険を感じる冷静な心→避難を決断する勇気
雨が降り始めたら、すぐに水辺から離れ、高いところへ避難しましょう！
浸水した場所では足元に注意！
危険を感じたら、ただちに避難！
自分の安全は自分で守る！

（木造住宅を想定）	屋外の様子	車に乗っていて	災害発生状況
音で話し声が良く取れない	地面一面に水たまりができる		この程度の雨でも長く続くときは注意が必要
いる人の半数くら雨に気がつく		ワイパーを速くしても見づらい	側溝や下水、小さな川があふれ、小規模の崖崩れが始まる
	道路が川のようになる	高速走行時、車輪と路面の間に水膜が生じブレーキが効かなくなる（ハイドロプレーニング現象）	山崩れ・崖崩れが起きやすくなり危険地帯では避難の準備が必要 都市では下水管から雨水があふれる
	水しぶきであたり一面が白っぽくなり、視界が悪くなる	車の運転は危険	都市部では地下室や地下街に雨水が流れ込む場合がある マンホールから水が噴出する 土石流が起こりやすい 多くの災害が発生する
			雨による大規模な災害の発生するおそれが強く、厳重な警戒が必要

1. 表に示した雨量が同じであっても、降り始めからの総雨量の違いや、地形や地質等の違いによって被害の様子は異なることがあります。
この表ではある雨量が観測された際に通常発生する現象や被害を記述していますので、これより大きな被害が発生したり、逆に小さな被害にとどまる場合もあります。
2. この表は主に近年発生した被害の事例から作成したものです。今後新しい事例が得られたり、表現など実状と合わなくなった場合には内容を変更することがあります。

図 23　雨の強さと降り方（気象庁資料を加工して作成）

1時間雨量（mm）	予報用語	人の受けるイメージ	人への影響
10以上～20未満	やや強い雨	ザーザーと降る	地面からの跳ね返りて がぬれる 
20以上～30未満	強い雨	どしゃ降り	傘をさしていてもぬれ 
30以上～50未満	激しい雨	バケツをひっくり返したように降る	
50以上～80未満	非常に激しい雨	滝のように降る（ゴーゴーと降り続く）	傘は全く役に立たなく 
80以上～	猛烈な雨	息苦しくなるような圧迫感がある。恐怖を感ずる	

（注1）「強い雨」や「激しい雨」以上の雨が降ると予想されるときは、大雨注意報や大雨警報を発表して注意や警戒を呼びかけます。なお、注意報や警報の基準は地域によって異なります。

（注2）猛烈な雨を観測した場合、「記録的短時間大雨情報」が発表されることがあります。なお、情報の基準は地域によって異なります。

（注3）表はこの強さの雨が1時間降り続いたと仮定した場合の目安を示しています。この表を使用される際は、右の2点にご注意下さい。

⑤ 台風

鈴木純子アナウンサーが
お伝えします

事例

あらゆる災害が起こる災害の総合商社が台風、数日前から対策が取れるのも台風

台風はあらゆる災害が起こりうる、嫌な言い方ですが、災害の総合商社です。ただし、数日前から進路はある程度予測できるため、個人でも取れる対策があり、時間的余裕もあるのです。このあと最近起きた特徴の違う台風被害の事例を挙げますので台風ではこれだけの災害の可能性があるということを、ざっくりとでも頭に入れておいてください。そして、今台風が接近しているときにこのページを開いているのであれば、最悪のケースを想定して、自宅の安全が確保できるなら自宅での避難のために必要な準備を。自宅が危険なら安全な場所にお住いの親戚、友人宅への避難、宿泊施設などへの避難をまず検討してください。公共の避難所へ行かなくてはならない場合も、出来る限り身を守る準備をしていきましょう。

▼**2018年7月　西日本豪雨**（**平成30年7月豪雨**）

「梅雨前線＋台風＝大雨」

↓「1　大雨災害（河川氾濫・浸水）」（18頁）、「2　大雨災害（土砂災害）」（40頁）参照

▼**2018年9月4日　台風21号**

「暴風と高潮　関空が浸水！　8000人孤立」

↓「3　暴風被害（台風）」（57頁）参照

▼**2019年9月9日　台風15号**

「コンパクト台風で暴風　千葉で家屋損壊と長期停電」

↓「3　暴風被害（台風）」（53頁）参照

▼**2019年10月12日～13日　台風19号**（**令和元年東日本台風**）

「多摩川、千曲川、阿武隈川が氾濫　台風勢力維持＋停滞＝広域水害」

↓「1　大雨災害（河川氾濫・浸水）」（13頁）参照

◎台風のことを知ろう！

①台風とは

熱帯や亜熱帯の海洋上で発生する低気圧を「熱帯低気圧」と呼び、このうち北西太平洋または南シナ海で発達して最大風速が34ノット（約17メートル／秒）以上になったものを「台風」と呼びます。

台風は1年間に平均して25個程度発生し、12個程度日本に接近、3個程度が日本に上陸しています。発生・接近・上陸ともに、7月から10月にかけて最も多くなります。

②台風の強さ（図24、25）

中心付近の最大風速で決まります。

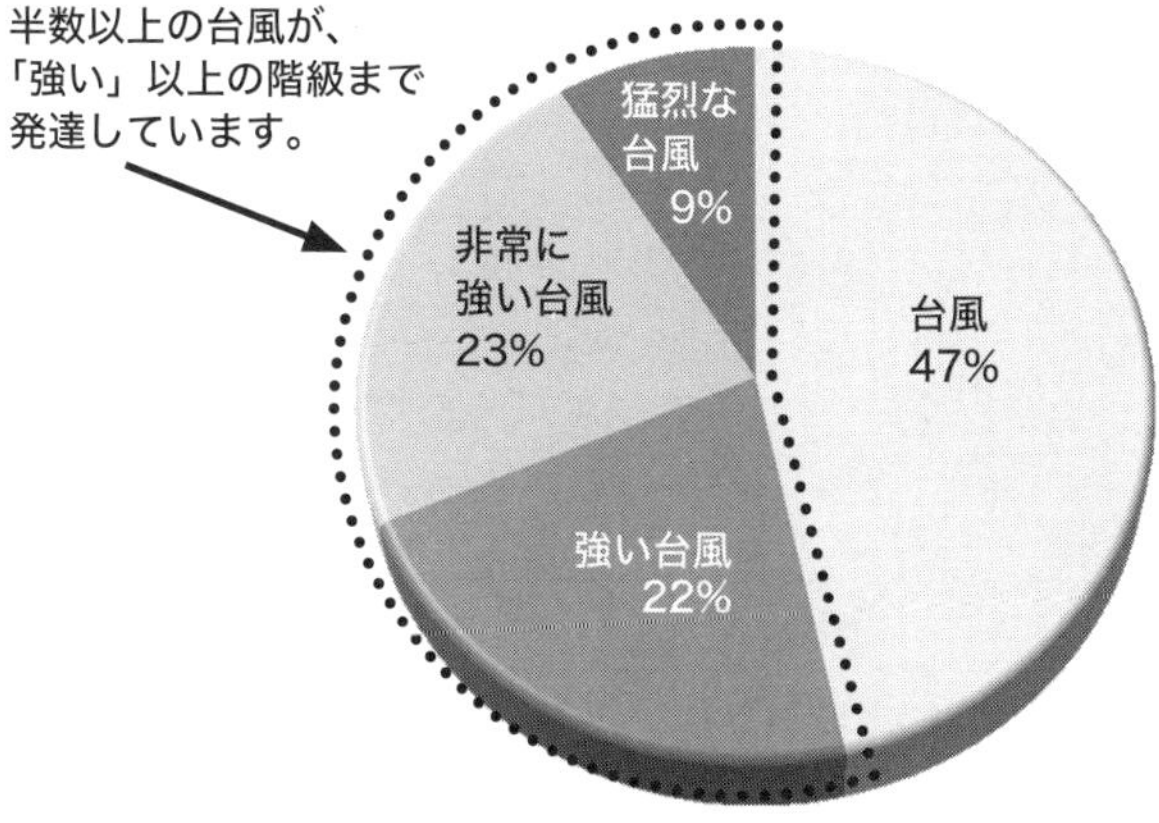

図24　強さ別の台風の発生割合（1991年〜2020年）
（気象庁資料「大雨や台風にそなえて」を加工して作成）

1991年から2020年に発生した台風のうち、半数以上の台風が「強い」以上の階級まで発達しています。

③台風の大きさ（図25、26）

台風の「大きさ」は強風域（10分間平均風速で風速15メートル／秒以上の風が吹いているか、吹く可能性がある範囲）の半径で決まります。台風の中心付近でのみ災害が起こるわけではないので、暴風域や強風域の情報にも注意してください。また台風から離れた場所でも大雨による災害発生の可能性があります。

台風の大型、超大型を日本列島の大きさと比較すると、大型の半径は東京〜大阪の距離を上回り、超大型の半径は東京〜札幌の距離

台風の強さ	
階級	最大風速
強い	33メートル / 秒以上〜44メートル / 秒未満
非常に強い	44メートル / 秒以上〜54メートル / 秒未満
猛烈な	54メートル / 秒以上
台風の大きさ	
階級	風速15メートル / 秒以上の半径
大型（大きい）	500km 以上〜800km 未満
超大型（非常に大きい）	800km 以上

図25　台風の強さと大きさ（気象庁ホームページより）
「強さ」は中心付近の最大風速で、「大きさ」は強風域（風速15m／秒以上の風が吹いているか、吹く可能性がある範囲）の半径で決まります。

に相当します。

④台風経路図（図27）

台風の位置や強さなどの実況と、12時間先、24時間先の予報を3時間ごとに発表し、さらに5日先までの24時間刻みの予報を、6時間ごとに発表します。

⑤全般台風情報

台風が日本に接近する場合に「全般台風情報」で台風の今後の見通しや防災にかかわる情報を発表します。熱帯低気圧の場合は「発達する熱帯低気圧に関する情報」となります

⑥暴風域に入る確率（図28）

5日先までの暴風域（10分間平均風速で25メートル／秒以上の風が吹いているか、吹く可能性がある範囲）

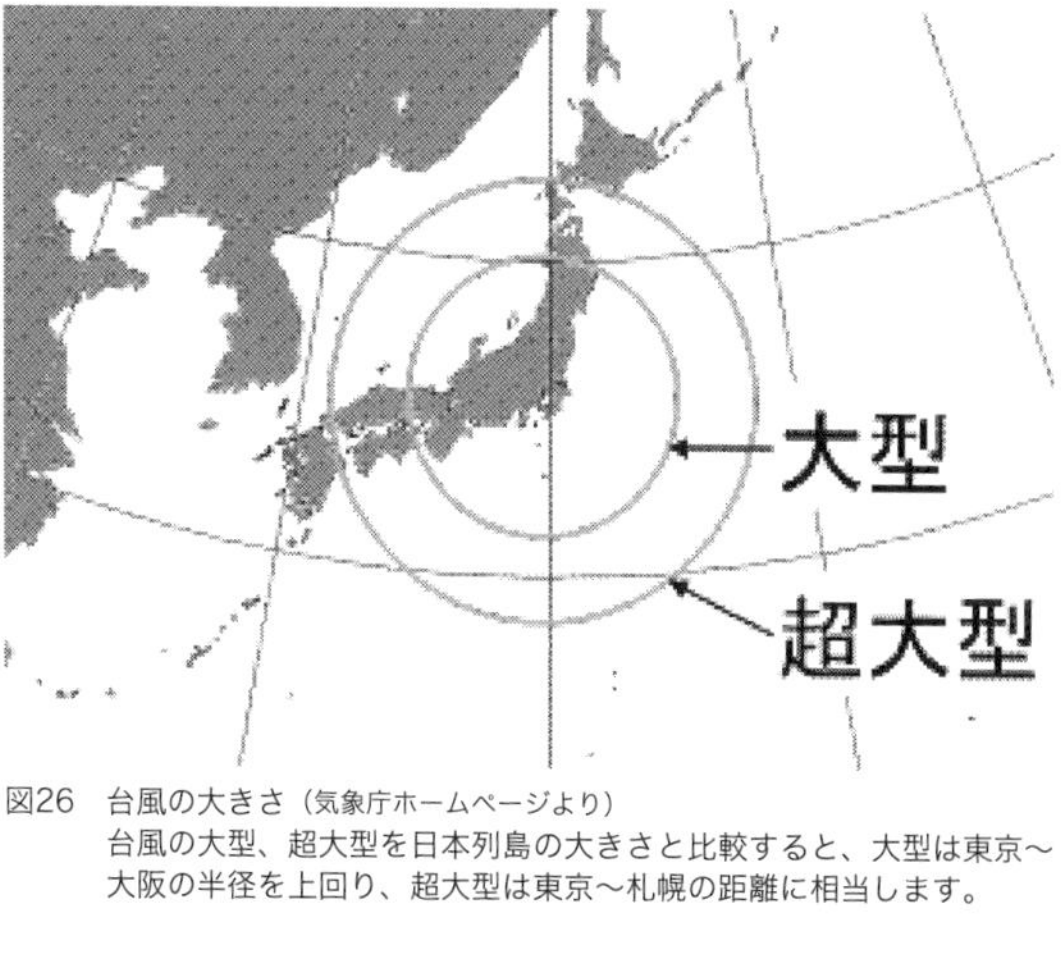

図26　台風の大きさ（気象庁ホームページより）
台風の大型、超大型を日本列島の大きさと比較すると、大型は東京～大阪の半径を上回り、超大型は東京～札幌の距離に相当します。

に入る確率を分布図と地域ごとの時間変化のグラフで示して6時間ごとに発表します。

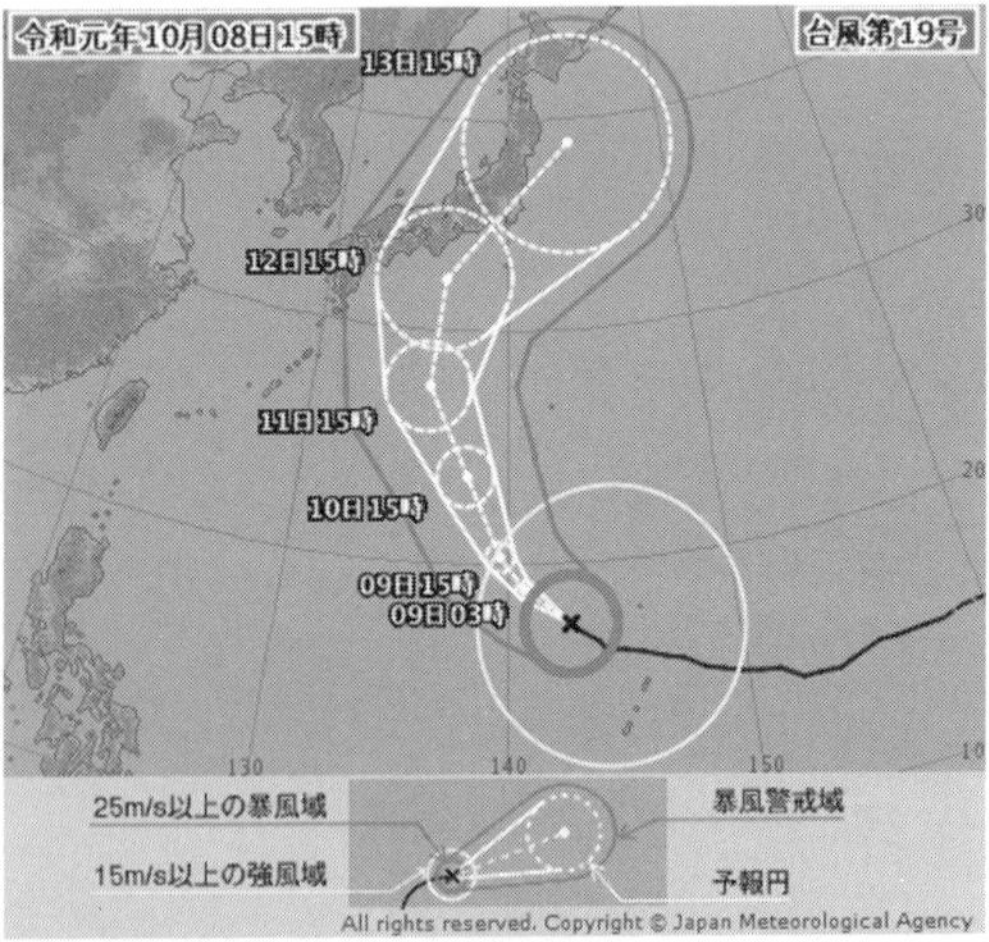

図27　令和元年（2019年）台風19号（気象庁ホームページより）

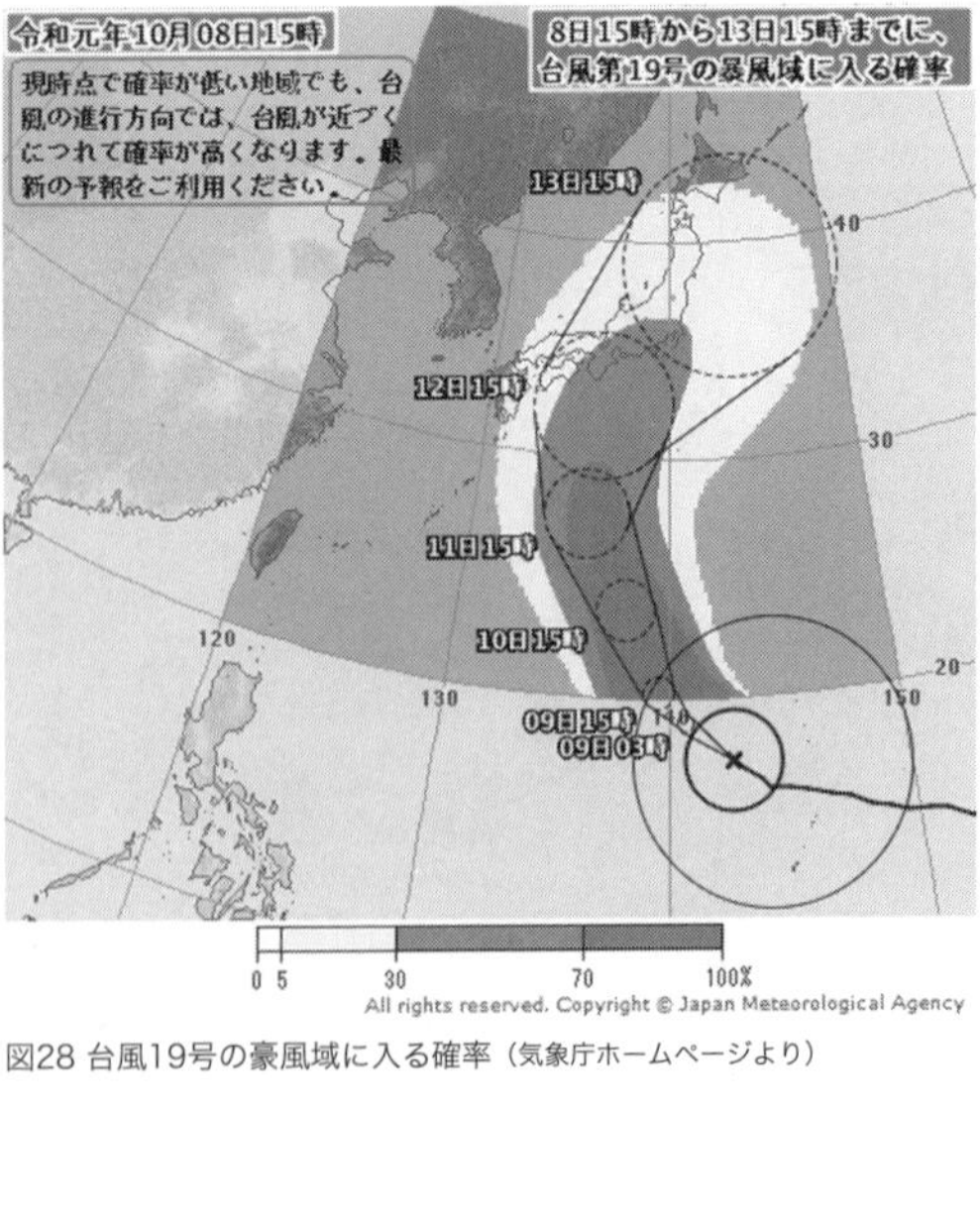

図28 台風19号の豪風域に入る確率（気象庁ホームページより）

対策 危険から身を守るためには！

これだけは守りたい防災のポイント

◎台風が近づく前の備え

①家の外の備え

・窓や雨戸の固定

・飛びやすいものを家の中に入れるか固定

物干し竿、植木鉢、自転車など

・側溝、排水溝の掃除

・車のガソリンを満タンにする

②家の中の備え

・窓ガラスに段ボールや飛散防止フィルム、養生テープを貼る。カーテンやブラインドをおろす。
・停電対策↓スマートフォンやパソコンの充電。モバイルバッテリーや乾電池の準備
・断水対策↓風呂に水を貯める。飲料水（1日1人3リットル）
・自宅避難の際の備蓄↓1週間以上生活できるくらいの備蓄
食料、懐中電灯、携帯ラジオ（乾電池）、持病の薬・常備薬、携帯用トイレ、ウェットティッシュ、トイレットペーパー、ティッシュペーパー、カイロ、食品包装用ラップ、ごみ袋、カセットコンロ、ガスボンベなど
・非常持ち出し袋の確認
水、食料、懐中電灯、携帯ラジオ、スマホ充電器などに加えて感染症対策としてマスク、アルコール消毒液、体温計、スリッパを持っていきましょう。

③避難する場所の確認

・自分が住んでいる場所がどの災害の可能性が高いか、事前にハザードマップで確認する。
（浸水・土砂災害・津波など）

・親戚、知人宅、ホテルなどの宿泊施設、公共の避難所など、安全な避難先を想定、確認

感染症のリスクを減らすためにも、公共の避難所以外の選択肢を考えておきましょう。

・それぞれの避難経路の確認（台風が近づく前の早めの避難が基本です！）

・家族の連絡方法の確認

④最新の台風情報をチェック

台風情報は、気象庁から5日先までの情報が出されます。テレビやラジオ、インターネット、防災アプリなどを使って最新情報をチェックしましょう。また民間気象会社（気象協会・ウェザーマップ・ウェザーニューズなど）のサイトで確認したり、自治体から携帯電話やスマートフォンに配信される防災情報メールも確認しましょう。（防災気象情報の主な入手方法（90頁）参照）

◎台風接近時の備え

①原則屋内にいること！

防災気象情報の主な入手方法

◉気象庁ホームページ
https://www.jma.go.jp/
警報・注意報、台風情報、解析雨量など、気象庁が発表している防災気象情報は、気象庁ホームページで確認ができます。

◉国土交通省防災情報提供センターの携帯電話用サイト
警報・注意報、気象情報、河川情報、降水ナウキャスト等を掲載しています。携帯電話（フィーチャーフォン）での閲覧に適しています。
http://www.mlit.go.jp/saigai/bosaijoho/i-index.html

◉気象会社の情報提供サービス
気象会社の中には、防災情報のウェブサイトを開設したり、電子メールによる防災気象情報の配信サービス等を行っているところがあります。
https://www.jma.go.jp/jma/kishou/info/keitai.html

◉都道府県や市町村の情報提供サービス
自治体の中には、住民向けの防災ウェブサイトを開設したり、電子メールによる防災気象情報の配信サービス等を行っているところがあります。
https://www.jma.go.jp/jma/kishou/info/jichitai.html

◉テレビ・ラジオ
ニュースや天気予報番組で気象の見通しや警報・注意報の発表状況が放送されています（テレビのデータ放送では常時放送）。

◉緊急速報メール
気象等に関する特別警報を、携帯電話事業者を介して、携帯電話ユーザーに緊急速報メールで配信しています。

雨戸やカーテンを閉めて、窓から出来るだけ離れて過ごしましょう。台風接近時は、落雷や竜巻などの突風が発生する場合があります。雨や風が弱まったように見えても周囲の様子を見にいかないでください。河川、用水路、アンダーパス、地下施設、崖など危険な場所には近づかないでください。

②**避難のタイミング**

２０２１年5月20日から、次のように変わりました。５段階の警戒レベルのうち、

○**警戒レベル3は高齢者等避難**、避難に時間のかかる高齢者や障害のある人は危険な場所から避難しましょう。

○**警戒レベル4は避難指示**、危険な場所から全員避難しましょう。（避難勧告は廃止されました。）

○**警戒レベル5は緊急安全確保**すでに安全な避難ができず、命が危険な状況。

警戒レベル５の発令を待ってはいけません。警戒レベル４までに必ず避難しましょう。

これは目安で、暗くなる前に、早めの避難を心がけてください。

→口絵「5段階の警戒レベルと防災気象情報」（v）参照

避難するのがすでに危険な場合は、近くで、より頑丈な建物があればそこに避難。自宅にとどまるのであれば、崖から離れた2階以上の部屋へ。垂直に避難するようにしましょう。

◎台風通過後も注意

①強風に注意

吹き返しの風が吹くことも。台風が温帯低気圧に変わって風が強まることもあります。

②高波に注意

高波はしばらく続くので海岸に近寄らないようにしましょう。

③増水に注意

雨が上がってから川が増水することもあります。川には近づかないようにしましょう。

まとめ

予測できる災害、台風は、早めの避難が可能
在宅避難も選択肢に どの段階でどの行動に移すか、マイタイムラインを作っておこう
暴風、竜巻などの突風、豪雨、高潮、あらゆる災害のおそれがあるのが台風と認識を！

⑥ 雷

伊藤佳子記者が
お伝えします

事例 被害は減る傾向にあるものの、雷が減ったわけではない！

太平洋側では夏に多く、日本海側では冬に多い「雷」。数十年前に比べれば減る傾向にはありますが、落雷で亡くなったり、ケガをされた方は年平均13人にのぼっています。

ピカピカ・ゴロゴロ……バキバキドッカーン……外にいたら本当に怖いですよね。雷雲の兆候がみられたら、早めに建物や車の中など、安全な場所に避難することが大切です！

雷は海の上・平野・山など、所選ばずに落ちます。グランドやゴルフ場、堤防や砂浜、海上などの開けた場所や山頂や尾根などの高い所などでは、人に落雷しやすくなります。

◎木の下の雨宿りは危険！

▼2015年8月5日　福井県永平寺町　川であゆ釣り中に雷雨

河原に密生していた木々の下で雨宿りをしていたところ、木に落雷。1人重体。当時大気の状態不安定で雷注意報が発表されていました。

▼2013年7月8日　東京都北区の荒川の河川敷で樹木に落雷

木の下で雨宿りをしていた男性3人のうち1人が死亡、2人がけが。3人は荒川沿いで一緒に釣りをしていましたが、天候が急変したため屋根のあるあずまやにいったん避難。風が強く横から吹きつけたため、そばの高さ10メートル以上ある立ち木の下に移動。近くにいた男性が「大きな木の下は危ない」と声をかけた直後、落雷。

▼2012年8月18日　大阪市の長居公園・野外イベンの会場

落雷が相次ぎ、10人が負傷、木の下で雨宿りをしていた女性2人が死亡。

▼**2012年5月6日　埼玉県桶川市で犬の散歩中**

木の下で雨宿りをしていた母子が落雷にあい、小学生の娘が死亡。

急に雨が降りだすと、木の下に雨宿りする人は少なくありません。でも雷が鳴っている時は大変危険です。雷は高い木に落ちやすく、雨宿りしていた木に落雷すると、木の枝や幹から近くの物体、この場合人の体へ電気が流れる「側撃雷」をうける可能性があります。人の体はイオンを含む体液があるので非常に電気を通しやすく、木は電気抵抗が大きいため、木に流れた電流が近くの人間により多く流れてしまいます。

◎グラウンドや畑、ゴルフ場、堤防など開けた場所も要注意！

▼**2020年8月22日　長野県小諸市のサニーレタス畑**

畑でサニーレタスの苗を植えていた外国籍の男女2人が雷に打たれ死亡。激しい雷雨が一旦弱まり、作業を再開後、再び激しい雷雨となり畑に落雷。

▼**2018年7月7日　岐阜県岐阜市の長良川の堤防**

特別警報が発表される直前の大雨警報発表中、長良川の堤防に落雷。強めの雨が降っている中、堤防上の道を歩いていた男性が雷に打たれ重傷。

▼**2014年8月6日　愛知県扶桑町で野球の練習試合中に落雷**

マウンド上にいて被雷した男子高校生が死亡。

▼**2012年8月18日　滋賀県大津市の農道でジョギング中**

1人でジョギングしていた男子中学生に落雷。意識不明の重体。

開けた場所では、雷鳴が聞こえたら、雨が降っていなくても、晴れていても落雷することがあります。グラウンド・河川敷・ゴルフ場・田畑など平地では、野球やゴルフのプレイ中や土手を自転車で走行中の人に落雷したケースもあります。

◎山でも落雷に注意！

▼2019年8月7日　山梨県中白根山を登山中

中白根山を4人で登山。午後雷雨となり、中白根山山頂から北岳山荘に下る北稜線上の岩場に落雷。1人死亡。

▼2019年5月4日　神奈川県丹沢山地の鍋割山を登山中

鍋割山を2人で登山。午後雷雨となり、林になっている逃げ場のない登山道で、木の下に移動したところ、男性1人に雷が落ち死亡。当時、雷注意報が発表中だった。

◎海や砂浜でも落雷に注意！

▼2016年7月24日　沖縄県糸満市の海水浴場に落雷

ビーチに隣接する広場にいた男性4人が負傷、うち直撃した1人は一時心肺停止。落雷前から小雨が降っており、数分前に雷注意報が発表され、落雷当時は大雨で、係員が海水浴をしていた約50人を海から上げていたということです。

▼2014年6月16日　青森県深浦町沖の海上

操業中の2人乗り漁船に落雷。漁船から海に落ちた1人が死亡。

▼2013年7月15日　広島県大西港

沖合に設置されていた遊漁用のいかだの上で、朝から1人で釣りをしていた男性に落雷し死亡。

▼2005年7月31日　千葉県白子町の中里海岸で雷雲発生

海水浴客9人が雷に打たれ、2人が意識不明の重体、32歳の男性1人が翌日、電気ショックが原因の脳症や急性心不全などの合併症で死亡しました。千葉県白子町の中里海岸、海辺に暖かく湿った空気が入り、気温も30度近くまで上がり、日射も強い中、上空に寒気が入り大気の状態は不安定。雷雲が発生しました。銚子地方気象台が「雷注意報」を出したのは午前11時48分。正午前には雷雨となり、午後0時35分ごろ落雷。海水浴場は、正午に「遊泳注意」の旗を掲げ、監視員が海水浴客を陸に誘導を始めましたが、遊泳禁止に切り替えたのは、落雷があった後でした。

海に雷が落ちることはないのでは？と思う方も少なくないかもしれません。海上は基本的に何もないので、サーファーに落ちることもありますし、どこにでも落ちます。海の中にいて近くに落雷があると、電流も広い範囲に流れ、直撃しなくても感電して溺れたり、心停止するほどのショックを受けたりする危険があります。

対策 危険から身を守るためには！

これだけは守りたい防災のポイント

◎雷鳴が聞こえたら→すぐ、建物や車のなかに避難！

雷鳴が遠くても、雷雲はすぐに近付いてきます。屋外にいる人はすぐ安全な場所に避難してください。落雷事故は、雷鳴が聞こえるか、聞こえないかという段階で発生しています。

◎避難する建物や車が近くにない時には→大きな木や電柱などから離れて　身をかがめて避難！

雨宿りで木の下に入るのはとても危険です。大きな木や電柱からは4メートル以上離れて下さい。周囲が開けた場所も危険です。ゴルフ・サッカー・野球などの屋外スポーツ、公園・海・山でのレジャーも、雷に注意が必要です。

近くに避難する場所がない場合は、くぼ地などを選んで姿勢を低くしましょう。低い姿勢をとる時は、寝そべらず、両足の間隔を狭くしてしゃがむようにしてください（図29）。寝そべると、近くに雷が落ちたときに地面に伝わる雷でケガをします。

山に登るときは、事前に天気予報をしっかりチェックしましょう。山の尾根や頂上付近で樹木もないような岩場で雷が近付いてきたら、1人ずつ散らばって、山の稜線を避け、くぼ地などに入って山の表面から出ないようにしてください。テントの中はポールに落雷する危険があります。

海水浴・サーフィン・ボート遊びなどの最中、雷雲が近付いてきたら、直ちに岸に上がり、建物やクルマの中に避難してください。

図29　低い姿勢の取り方

◎傘・バット・ゴルフクラブ・釣竿・杖・ピッケルなどを体より高く突き出すことは絶対しない！→体から離して地面に寝かせる

長い物体は落雷を誘発します。金属である・なしに関わらず、体から離して地面に寝かせてください。

◎家の中でゴロゴロ聞こえてきたら→家電製品が壊れることも！

雷が電源線などを伝わって、パソコン、電話機・ファックス、テレビなどの家電製品を破損させることもあります。場合によっては、電源部分がショートして火事になることもあります。市販の雷対策製品を取り付ける方法もありますが、家にいるならコンセントを抜くのも簡単な方法です。

雷鳴が遠くても、雷雲はすぐに近づいてきます。光と音で雷のおよその距離を知ることができます。光の速さの方が音の速さより早いからです。「ピカッ」のあと3秒後に「ゴロゴロ」でおよそ1キロ離れているといわれています。「ピカッ」と「ゴロゴロ」の間が短ければ、それだけ雷も近くに来ているというわけです。

また落雷事故は、雷鳴が聞こえるか、聞こえないかという段階で発生しています。雷が遠くても、AMラジオを聴いていると、雑音（ノイズ）が入るのでわかります。

よく金属を身につけていると雷が落ちやすいと言われますが、雷は金属を見分けているわけではありません。雷鳴が聞こえたので、あわてて金属を外すより、早く室内などの安全な場所に避難しましょう。

◎こんなときは注意しましょう

①前日や当日の天気予報で「雷を伴う」「大気の状態が不安定」というキーワードが出てくる。「雷注意報」が発表される。

②空を見上げると、「積乱雲（雷雲）の近付く兆し」が見える。

★「積乱雲（雷雲）が近づく兆し」とは？

急に黒い雲がむくむくとふくらんでくる。
真っ黒い雲が近づき、周囲が急に暗くなる。
雷鳴が聞こえたり、雷光が見えたりする。
ひやっとした冷たい風が吹き出す。
大粒の雨やひょうが降り出す。

◎雷や雨雲の動きをスマートフォンやパソコンでチェックしてみましょう！

スマートフォンなら、気象庁ホームページのトップページ、左上の3本線をタップ→「防災情報」をタップ→「雨雲の動き」をタップ→雷マークをタップ→雷活動度（雷ナウキャスト）を確認！

3時間前からの雷の様子や、1時間後までの雷の可能性・激しさの予想を見ることができます。同じページで雨雲の動きや竜巻発生確度などもチェックできます。

まとめ

ゴロゴロ聞こえたら、ただちに建物の中や自動車へ避難！
木や電柱から４メートル以上離れる！
雨宿りで木の下に入るのは危険！
近くに避難する場所がない場合は、姿勢を低く！

7 竜巻

伊藤佳子記者が
お伝えします

事例 局地的で短時間、予測はかなり難しい

竜巻は、日本では海上をのぞいて平均して年に25個程度確認されていますが、日本のどこでも発生します。

「竜巻」とは、積乱雲から垂れ下がる直径数十メートルから数百メートルの激しい渦巻きです。長さ数キロメートルの範囲に集中しますが、数十キロメートルに達したこともあります。発生する範囲が局地的で、短時間で消えるため、予測はかなり難しく、発生する原因も正確にはわかっていません。寒冷前線・台風・発達した低気圧による発達した積乱雲に伴って発生します。

ちなみに日差しの強い校庭などで「つむじ風」がおこることがありますが、つむじ風の上空には「親雲《おやぐも》」はありません。竜巻には「親雲」＝積乱雲があるのです。

◎積乱雲の近付く兆しがあったら注意！

▼2021年5月1日　静岡県牧之原市で竜巻が発生

倉庫など3棟が全壊するなど140棟をこえる建物で屋根が飛ばされたり、窓ガラスが割れるなどの被害が出た他、車5台が横転、電柱16本が倒壊。3人が割れたガラスでケガをしました。この日寒冷前線を伴った低気圧が日本の上空を通過。さらに太平洋上から暖かく湿った空気が流れ込んだことで、大気の状態が不安定となり、静岡県中部などに竜巻注意情報が出ていました。

▼2013年9月2日　埼玉県越谷市や松伏町、千葉県野田市で竜巻が発生

合わせて600棟以上の家屋が被害を受け、67人がケガをしました。私が取材した埼玉県松伏町の竜巻被害の現場の様子……道路の電信柱は、数本が斜めに傾いている。1階部分だけ見ると新しいきれいな家なのに、2階を見上げると窓は割れ、屋根が吹き飛ばされている。割れたガラスや大きなひしゃげたトタンが地面に落ちていて、木は根に近い部分

からぽっきり折れ、はるか上空の電線にははぎ取られたアルミの板がひっかかって、風に揺れている……。

竜巻は突然発生し、短時間で大きな被害をもたらします。被害にあった住民の皆さんが、まず口にした言葉は「こんなことは初めて」でした。

ほかには「黒い雲の渦があっという間に近付いてきた。主人が1階の工場のシャッターをぎりぎり下ろした。自分はおばあちゃんと家の奥に避難した」「黒い雲がゴミを巻き上げながら、近付いてくるのが見えたが、速くて何もできなかった」「竜巻が迫ってくるのが見えた。2階のカーテンを閉めるだけで精一杯だった」「びっくりして何もできなかった」「最初、ビデオを録っていたが、やばいと思って雨戸を閉めた」という方もいました。

竜巻は、人が一生のうち遭遇することはほとんどないといわれる稀な現象です。今まで体験したことのない自然災害に遭ったとき、頭でわかっていてもすぐに行動に移すことは本当に難しいものです。

また、竜巻の通り道には当たらなかった近隣の方たちも、「急に空が暗くなって、風が吹き始めた」と積乱雲が近付く兆しを語っていました。

図30　竜巻発生翌日の埼玉県松伏町の被災状況（著者撮影）

▼2012年5月6日　茨城県つくば市北条地区で竜巻が発生

中学3年生の男子生徒が亡くなり、茨城県・栃木県を合わせるとおよそ580棟が被害に遭いました。

建物の中に入れば安全と言い切れない部分もあります。亡くなった中学生は、当時家に1人で留守番をしていました。2階建ての家が基礎の土台ごと持ち上げられ、ひっくり返って崩れ、家の下敷きになって亡くなりました。家の中に避難していても、命を落とすこともあるのです。痛ましいことです。

アメリカ中西部では地下シェルターを設置する家庭や自治体が多いといいますが、日本でも頑丈な建物の地下があれば地下に、なければ1階の窓のない部屋に避難しましょう。今いる所が安全かどうか、今より安全な場所はどこか、移動することが可能か、自分で判断する、「自分の身は自分で守る」ことが大切です。

◎プレハブなどは危険・竜巻は日本のどこでも発生！

▼2006年11月7日　北海道佐呂間町、新佐呂間トンネルで最悪の竜巻被害

新佐呂間トンネル工事現場付近で最悪の竜巻被害が発生、1961年以降全国の竜巻被害としては最悪となる9人が亡くなりました。

当日気象庁で行われた記者レクチャーでは、「北海道東部はこれまで竜巻がほとんど起きない空白域」「過去35年間で今回の現場、網走支庁管内は竜巻の記録はゼロ」との説明で、他社の記者も何度も「いままで竜巻が発生した記録がない地域なのか？」と確認していました。

寒冷前線の通過時、風の収束と地上付近の季節はずれの陽気・上空の寒気が重なり、積

乱雲が発達したのです。竜巻はトンネル工事のプレハブ事務所兼宿舎を襲い、屋根も壁も吹き飛ばし、2階で会議中だった方たちが犠牲になりました。

◎台風シーズンの9月に発生が最も多く、列車脱線も！

▼2019年10月12日　千葉県市原市で、台風19号の影響により竜巻が発生

車が横転し、乗っていた男性1人が死亡、9人が倒壊した家の下敷きになるなどしてケガをし、およそ90棟の住宅が全壊などの被害にあいました。

図31　竜巻分布図（全国：1961～2019年）（気象庁ホームページより）
竜巻は沿岸部だけでなく、日本のどこでも発生します。

▼**2019年9月22日　宮崎県延岡市で、台風17号の影響により竜巻が発生**

18人がケガ、延岡駅構内では鉄塔が倒れ、被害にあった家屋は483棟にのぼりました。

▼**2006年9月17日　宮崎県延岡市で、台風13号に伴って竜巻が発生**

3人が死亡しました。重さ40トンもの列車が脱線し横転。乗客・運転士あわせて6人がケガをしました。

台風から遠く離れたところでも大気の状態不安定となり、竜巻が発生することがあります。

対策☁ 危険から身を守るためには！

これだけは守りたい防災のポイント

◎発達した積乱雲（雷雲）の近付く兆し→すぐに頑丈な建物の中に避難！

★「発達した積乱雲（雷雲）の近付く兆し」とは？

急に黒い雲がむくむくとふくらんでくる。
真っ黒い雲が近づき、周囲が急に暗くなる。
雷鳴が聞こえたり、雷光が見えたりする。
ひやっとした冷たい風が吹き出す。
大粒の雨やひょうが降り出す。

避難するときは、屋根瓦など飛んでくる物に注意しましょう。車庫・物置・プレハブへの避難は危険です。建物が倒れたり、車がひっくり返ることもあります。また、家の被害で多いのは、「窓」と「屋根」です。

1、屋内にいるときは？（**図32**）

①家の1階の窓のない部屋に移動する。
②窓や雨戸、カーテンを閉める。
③窓から離れる。大きなガラス窓の下や周囲は大変危険です！
④丈夫な机やテーブルの下に入るなど、身を小さくして頭を守る。

2、屋外にいるときは？（**図33**）

①頑丈な建造物の物陰やくぼみに入って、

図32　窓が割れると危険なので、雨戸やカーテンを閉める

身を小さくする。
②シャッターを閉める。
③電柱や太い樹木であっても倒壊することがあって危険です。

◎「竜巻注意情報」が発表されたら?

周囲の空の様子に注意しましょう。安全確保に時間がかかる場合、早めの避難開始が大切です。特に人が大勢集まる屋外での行事。テントを使ったり、お子さん・高齢の方を含む屋外での活動。高所、クレーンや足場などでの作業のときは、早めの避難開始を心がけてください。

図33　頑丈な建物の中や陰に逃げる

★「竜巻注意情報」とは

今、まさに竜巻の発生しやすい気象状況になっていることを知らせるもの。発表からおよそ1時間が有効利用期間、情報は「○○県南部」のように都道府県をいくつかに分けた単位で発表されます。竜巻注意情報は、竜巻だけでなく、積乱雲の下で発生する激しい突風（ダウンバースト・ガストフロント）も対象としています。

ダウンバーストとは、雷雲の中を上空の冷たい空気が、爆発的に地上に吹き降りてきたものをいいます。ガストフロントとは、積乱雲の下にたまった冷たい空気が流れ出し、まわりの暖かい空気との間にできた前線のことで、突風前線とも呼ばれます。

竜巻注意情報の精度はおおむね5％ですが、この情報が出されたときは、余裕があればスマートフォンかパソコンで、気象庁ＨＰの「竜巻発生確度ナウキャスト」も確認してみましょう。「竜巻発生確度ナウキャスト」とは、竜巻の発生確度を10キロメートルの格子単位で解析し、1時間先までの予測を行うもので、10分ごとに更新されます。竜巻が発生する可能性が高い領域を確認できます。

パソコンなら、気象庁ホームページのトップページ、「防災情報」をクリック→気象防災の「雨雲の動き」をクリック→竜巻のアイコンをクリック→竜巻発生確度（竜巻発生確度ナウキャスト）を確認！　同じページで3時間前から1時間先までの雨雲の動きや雷の様子などを見ることができます。

「竜巻注意情報」が発表される半日～1日前には、気象情報で「竜巻などの激しい突風のおそれがあります」と注意が呼びかけられ、数時間前には「雷注意報」でも注意喚起されます。

まとめ

発達した積乱雲が近付く兆しがある場合、速やかに頑丈な建物の中に避難！
竜巻が間近にせまったら、すぐに身を守る行動を！
ただちに頑丈な建物の中へ！　避難できない場合は、物陰やくぼみに身をふせましょう
屋内でも窓や壁から離れる！

⑧ 熱中症

鈴木純子アナウンサーが
お伝えします

事例

「災害級の暑さ」埼玉県熊谷市で41・1度を観測

▼2018年7月23日　埼玉県熊谷市

「気象災害」の中で、もっとも亡くなる方の数が多い災害は、熱中症です。世界の年平均気温が高くなってきている中、日本を「災害級の暑さ」が襲ったのが、2018年でした。7月23日午後2時16分、埼玉県熊谷市で41・1度を観測し、国内の観測史上最高気温を5年ぶりに更新しました。東京都青梅市では40・8度を観測。東京都内で40度を超えたのは観測史上初めてのことでした。岐阜県多治見市では7月18日と23日の2度、40・7度を観測しています。

7月中旬以降、東日本と西日本は気温の高い状態が続きました。原因は、温暖化による平均気温の上昇に加えて、偏西風の影響でチベット高気圧が大陸側から日本付近に張り出し、日本上空の太平洋高気圧に重なる形で、地上付近はもちろん、上空まで気温が高い、勢力の強い高気圧に長期間覆われることになったのです。中でも埼玉県熊谷市は、北西の山から風が吹きおろし空気が圧縮されて気温が上がるフェーン現象が続き、更に気温が上がりました。

この時期の私の天気予報ノートを見返してみると、7月中旬から毎日のように「厳しい暑さ」「危険な暑さ」とあります。7月12日木曜日の週間予報で、「今年もっとも暑い週末になりそう」とあり14日東京都心35度予想、群馬県前橋市は37度の予想になっています。実際にはこのあと一週間以上も暑さが続き、そのピークは翌々週、23日月曜日に迎えることになります。

7月16日（月曜日・海の日の祝日）岐阜県揖斐川39・3度、2018年の最高気温更新、群馬県伊勢崎市は38・8度。17日は前橋の最高気温予想が39度。18日岐阜県揖斐川で39・6度5日連続38度超え。

西日本は、西日本豪雨の後の記録的な暑さ。被災した各県にも連日高温注意情報が出されていました。復旧作業、避難所での生活も厳しいものだったはずです。

7月19日木曜日岐阜県多治見市で40・7度。全国で気温が40度を超えるのは2013年8月以来、5年ぶりのこと。7月に40度に達するのは、14年ぶりのことでした。気温の高い状態は週末も続き、ついに7月23日月曜日、暦の上での「大暑」に、猛烈な暑さが襲来したのです。

埼玉県熊谷市の観測史上最高気温41・1度など、東日本西日本の猛烈な暑さを受けて、気象庁は会見を行いました。竹川元章予報官は「ほとんどの地点で経験したことのない暑さになっている。命の危険がある暑さ。ひとつの災害であると認識している」と述べ、熱中症など健康管理に十分注意をするよう呼びかけました。

総務省消防庁によりますと、7月16日から23日の1週間に救急搬送された熱中症患者は、全国で2万2647人に上りました。2008年の調査開始以来過去最多で、搬送した患者のうち死亡した人も過去最多の65人でした。

私のノートのキーワードを抜き取ってみても、「7月に40度超えは14年ぶり」（7月18日岐阜県多治見市の40・7度を受けて）、「まだ夏休み前です。学校行事、運動は原則中止、プールでも熱中症になる」（7月18日のノートから）などの言葉が並んでいます。

7月17日には愛知県豊田市で校外学習に出かけた小学校1年生の男の子が熱中症で亡くなっています。毎年行っている虫捕りの校外学習で、出発前に学校が測定した校内の敷地の気温は32度。最高気温35度以上が予想される「高温注意情報」が気象台から出されていたことも、学校は把握していました。校長は「これまで校外学習では大きな問題は起きておらず、気温は高かったが中止するという判断はできなかった。結果として判断が甘かったと痛感している」と話しました。男の子は重度の熱中症である熱射病と診断され命を落としました。

◎最も注意すべきは高齢者。死亡者の8割は高齢者

1、高齢者ほど重症化しやすい!

熱中症でもっとも注意すべきは高齢者です。昼も夜も暑い日が続くなか、数日かけて徐々に食欲や体力を失い、持病の悪化や感染症の併発などで死に至る例が目立ちます。熱中症死亡者に占める65歳以上の高齢者の割合は2000年~2010年は、5割から8割

近くへと増加し、その後、２０１０〜２０２０年にかけては、およそ8割という状態が続いています。

特に室内での発生が目立ちます。国立環境研究所の調査によると、高齢者の熱中症の発生場所の半数以上が住宅内でした。高齢者は長時間を室内に1人で過ごすことが多く、発見が遅れがちになるようです。

また、高齢者は皮膚で暑さを感じにくくなり、汗をかいて体温を調節する機能が低下しています。喉の渇きも感じにくくなり、無意識のうちに水分不足に陥りやすい上に、もともとの体内の水分量も成人より1割少ないのです。

2、夜も危険！

２０１０年には、室内のエアコンを使わず、窓を閉めたまま、寝室や布団で亡くなっている高齢者が相次ぎました。エアコンの風は体に悪いなど、エアコンを敬遠する方も少なくなく、夜トイレに行くのを避けるため、寝る前に水分を控える方も多いです。

断熱機能がない古い集合住宅や直射日光にさらされる最上階は、特に熱がたまりやすく、注意が必要です。夜になって外は気温が下がっても、多くの家の室内は気温が高いままで湿度はより高くなります。

◎スポーツ中の熱中症発生

梅雨明け時に多発！　高温多湿に体が慣れていないときは要注意！

学校での運動中の死亡事故は梅雨明けして急に気温が上がる7月下旬がもっとも多く、7割が運動部の活動中でした。野球・ラグビー・柔道・サッカー・剣道・陸上などです。屋外で行うスポーツに多く発生していますが、屋内の防具や厚手の衣服を着用するスポーツでも多く発生しています。学年は中学校高校ともに下級生が多く、特に高校1年の男子が多くなっています。半分以上は持久走、ダッシュのくりかえしで発生しています。また日本スポーツ協会の「スポーツ活動中の熱中症予防ガイドブック」によると、学校で起きた熱中症死亡事故のうち、7割は肥満度20％以上の人に起きています。肥満度の高い生徒は、激しい運動ではただでさえ大きな負荷がかかるので練習メニューを軽くすることは、決して不公平ではありません。死亡事故の調査報告書でも、「体格、体力に応じた配慮の不足」が指摘されている例があります。また意見や訴えを伝えにくい雰囲気を作らないことも大切です。

▼2016年8月　奈良県生駒市の公立中学校

男子ハンドボール部で午前8時台に始まった練習、全員が35分間の持久走を課され、ランニングを終えた時、1年生男子が倒れました。自力で立つことも水を飲むこともできず、救急搬送され、翌日に死亡。生徒は肥満気味だったということです。

▼2015年8月　神奈川県の高校

1年生の柔道部員が熱中症による多臓器不全のため死亡。午後から川の土手で坂道を上がるダッシュの練習を数本行った後、異変が起き2日後に死亡。生徒は体重120キロ以上の重量級でしたが、軽量級の部員と同じメニューをこなしていました。

▼２０１２年７月　新潟県の高校

１年生の野球部員がランニング中に倒れ、熱中症で死亡。発見は翌日朝で、保護者が学校に連絡するまで誰も気づきませんでした。

▼２０１２年７月　山形県の高校

２年生のラグビー部員が熱中症の症状を訴えて練習中に倒れ、搬送先の病院で２日後に死亡。倒れた日の山形市の最高気温は35・１度でした。

◎働く人の熱中症発生

死亡事故は、建設業、製造業で４割強。作業開始の初日に多発！

厚生労働省の調査によると２０１５〜２０１９年の３年間の調査で、業種別の熱中症の死亡災害の発生状況をみると、建設業、次いで製造業で多く発生していて全体の４割強がこの２つの業種で発生しています。また２０１９年の死傷災害の26%は屋内で発生していて熱中症は必ずしも屋外での作業でのみ発生しやすいわけではないので注意が必要です。

▼2019年6月

40代。早朝から工場の調理室で業務していて、体調不良による早退で駐車場に向かったところ駐車場で倒れ、病院に搬送されましたが2日後に死亡。

▼2019年7月

50代。掘削土砂運搬経路で堤防上を警備していましたが、うつ伏せで倒れているところを通行人に発見され、救急車で病院に搬送されましたが死亡しました。

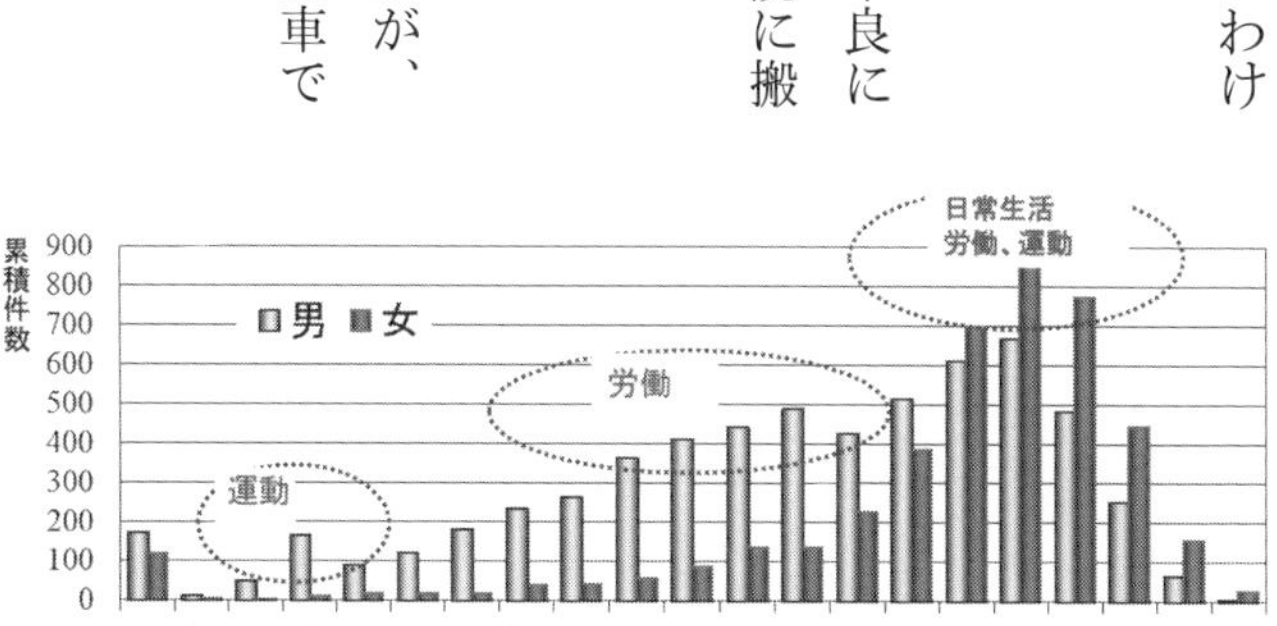

図34　熱中症死亡数の年齢階級別累積数（1968〜2011年）（「平成26年度環境省 熱中症対策講習会資料」より）
犠牲者のおよそ8割が65歳以上の高齢者！

▼**2019年7月**

20代。遊園地で午後から着ぐるみを着用して接客していましたが、午後8時前にダンス練習を終えて控室に戻る途中自力で歩けなくなりその後救急搬送された病院で死亡。

職場での熱中症は高齢労働者に集中しているわけではなく40代から発症の高まりがみられます。ただもっとも高い55〜59歳は、最も低い25〜29歳の2倍の発生率です。また作業初日がもっとも多くなっています。（図34）

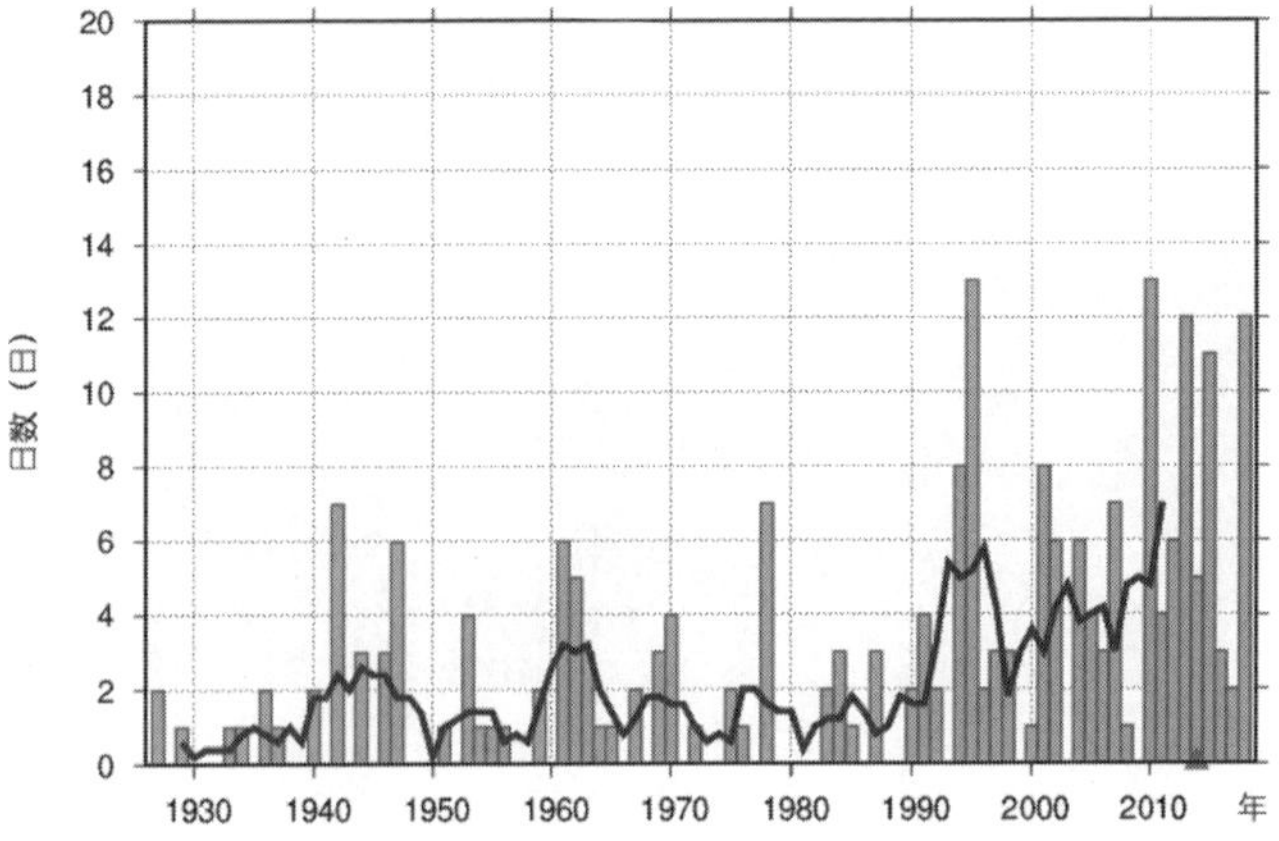

図35　東京の年間猛暑日日数（気象庁ホームページより）

◎昔より確実に暑い!!

温暖化とヒートアイランド現象で、大都市の熱帯夜、真夏日、猛暑日は増加。東京の30度以上の時間数は、この30年で2倍になっています。(図35)

対策 危険から身を守るためには！

これだけは守りたい防災のポイント

◎すぐできる、熱中症を防ぐ6つの方法

①こまめな水分・塩分の補給！　のどが渇いたら必ず水分を補給しましょう。渇かなくてもこまめに補給しましょう。

②部屋の温度をこまめにチェック！　室温28度を超えないように、エアコン・扇風機を上手に使いましょう。遮光カーテン、すだれなどで直射日光を防ぎましょう。

③外出する時は日傘・帽子を使い、通気性の良い服装を！　日陰を歩いて、こまめに休憩を取りましょう。

④体調が悪い時は危険！　無理をしないようにしましょう。

⑤急に暑くなった日は注意！　暑い日は無理をしないようにしましょう。
⑥熱中症警戒アラートをチェック。アラートが出たら出来るだけ外出を控え、暑さを避けましょう。

★熱中症警戒アラートとは

気象庁と環境省は、暑さへの「気づき」を呼びかけ熱中症予防行動を促すため、２０２１年４月から「熱中症警戒アラート」の運用を全国で始めました。気温や湿度から算出した「暑さ指数（ＷＢＧＴ）」を活用して、重症者や死者が特に増える傾向にある指数33以上になると想定した場合、前日の午後5時と当日の午前5時にアラートを発表します。

◎アラート発表時の予防行動

・外出はできるだけ控え、暑さを避けましょう
・熱中症の危険度が高い方に「夜間を含むエアコンの使用」「こまめな水分補給」などの

声かけをしましょう。（高齢者、子ども、持病のある方、肥満の方、障害者など）

・普段以上に「熱中症予防行動」を実践（のどが渇く前に水分補給、涼しい服装、屋外で人との十分な距離（2メートル以上）を確保できる場合は適宜マスクを外す）

・外での運動は原則中止、延期してください。

・環境省熱中症予防情報サイトや各現場で暑さ指数（WBGT）を確認。

★暑さ指数（WBGT）とは

熱中症を予防することを目的として世界的に利用されている指標です。人の体と外気との熱のやりとりに着目した指標で、1湿度、2日射、ふく射熱、3気温の3つを取り入れた指標です。

温度基準 WBGT	注意すべき 生活活動の目安	行動のめやす
危険 31度以上	すべての生活活動でおこる危険性	高齢者においては安静状態でも発生する危険性が大きい。外出はなるべく避け、涼しい室内に移動する。
厳重警戒 28～31℃		外出時は炎天下を避け、室内では室温の上昇に注意する。
警戒 25～28℃	中等度以上の生活活動でおこる危険性	運動や激しい作業をする際は、定期的に充分に休息を取り入れる。
注意 25℃未満	強い生活活動でおこる危険性	一般に危険性は少ないが、激しい運動や重労働時には発生する危険性がある。

図36　日常生活に関する指針（日本生気象学会「日常生活における熱中症予防指針ver.3」(2013)のデータを加工して作成）

1、高齢者

①水の飲み方

高齢者の目安は1日1・3リットル。一度にたくさんではなく、こまめに補給。ふだん使う湯のみに何倍飲めばいいか書いておくと、把握しやすいかもしれません。朝目覚めた時・夜寝る前・食事の時・おやつの時など、時間を決めて、こまめに補給しましょう。

②エアコンの活用

夜もエアコンの風向きを上にして、直接冷気が体にかからないように工夫して使いましょう。冷たい空気は下に向かうので効率よく冷えます。同時に扇風機を使って、冷たい空気が部屋全体に広がるようにしましょう。

2、スポーツ中

運動前の水分の補給と30分に1回の休憩で、水・塩分を取りましょう。サッカーやバスケットボールなどの激しい運動には、1時間に1リットルが必要です。

また「ただの水」による二次脱水に注意しましょう。大量の汗でナトリウムが減ったところに水だけを飲むと、ナトリウムが薄まって、水利尿が起こり、元の水分量まで回復しないのです。スポーツドリンクがいいのはこのためです。

水分補給のポイント

①気温の高い時には、15〜20分ごとに水を飲み休憩をとることによって、体温の上昇が抑えられます。

②1回200〜250ミリの水分を、1時間に2〜4回に分けて補給しましょう。

③水の温度は5〜15度が望ましいです。

④食塩（0・1〜0・2％）と糖分を含んだものが有効。特に1時間以上の運動をする場合、4〜8％程度の糖分を含んだものが疲労の予防に役立ちます。

（財団法人　日本体育協会より）

気温が35度以上なら、原則運動は中止！　体育館・格技場に温度計を設置して、いつでも温度測定ができるようにしましょう。

3、職場

職場で熱中症を防ぐポイント

①熱中症に対する作業者への教育（短時間でわかりやすく）

②朝礼などでの体調確認、二日酔い・風邪・朝食抜きは厳禁

③水分補給のためのスポーツドリンク・クーラーポットの設置、作業現場への持参の徹底

④休憩所の設置、休憩所内のエアコン設置

⑤スポットクーラー・送風機の使用

⑥炎天下での作業には日陰を作る工夫

⑦おかしいと思ったら、必ず医療機関を受診

4、覚えておこう、熱中症の応急対策！

子どもや高齢者には、まわりの人が気をつけてあげましょう。

①重症度　Ⅰ度

めまい・立ちくらみ・こむら返り・大量の汗

↓涼しい場所へ移動、安静、水分補給、わきの下などを冷やす。

②重症度　Ⅱ度

頭痛・吐き気・体がだるい・体に力が入らない・集中力や判断力の低下

↓涼しい場所へ移動、安静、十分な水分と塩分の補給、わきの下など体を冷やす。症状の改善が見られなければ病院へ！　自分で水を飲めなかったり、意識がなかったら救急車を！

③重症度　Ⅲ度

意識障害（呼びかけに対し反応がおかしい・会話がおかしい・けいれんなど）

運動障害（普段どおりに歩けないなど）

↓ためらうことなく救急車を要請、救急車が来るまでに涼しい場所へ移動、安静、体が熱ければ保冷剤などで冷やしましょう。

まとめ

こまめな水分補給！

外出時は帽子、日傘で暑さを避ける！

高齢者は部屋の中や夜も注意！　カーテンで日射をさえぎり、エアコンを適切に使いましょう

外での作業やスポーツは、こまめな休憩・水分・塩分を！

熱中症警戒アラートを熱中症予防に役立てよう！

⑨ 大雪

鈴木純子アナウンサーが
お伝えします

事例 大雪で車が立ち往生

大雪といって思い出されるのは、2020年年末に関越自動車道で、2021年1月に北陸自動車道でおきた車の立ち往生。この事例をまずお伝えします。

▼2020年12月14日〜21日　関越道で最大丸2日間、一時2100台立ち往生（図37）

北日本から西日本の日本海側を中心とした大雪。日本付近でこの時期、強い冬型の気圧配置が続き、上空には強い寒気が流れ込み続けました。この影響で北日本から西日本の日本海側を中心に断続的に雪が降り関東や北陸、東北の山地を中心に大雪となって、群馬県や新潟県では300センチ近くの降雪量のところがあり、その新潟県や群馬県の関越自動車で16日午後に立ち往生が発生。一時上下線合わせて2100台が巻き込まれました。東日本高速道路と陸上自衛隊が700人態勢で除雪作業をしたものの、車と車の間に積もった雪を手作業で除いて、1台ずつ車を出すしかなく、作業は難航しました。立ち往生がすべて解消したのは18日夜、丸2日かかったのです。車の中にいる人たちには、飲料、食料やガソリン、簡易トイレの支給がありましたが、体調不良で搬送される人が出ました。東日本高速道路は「これだけの雪が短時間で降ると予測できなかった。事前に通行止めにするまでに思いが至らなかった」と話していました。このほか、道路の通行止め、鉄道の運休、航空機、船舶の欠航などの交通障害、除雪作業中の事故も起きました。

▼2021年1月7日〜11日　北陸道で1000台以上が立ち往生 関越道の教訓生かせず

図37　立ち往生した車と除雪車
大雪により関越自動車道上り線塩沢石打インター手前で立ち往生した車両の列。左は除雪車。(2020年12月18日午後4時29分、新潟県南魚沼市) ©時事

1月7日から8日朝にかけて低気圧が急速に発達しながら日本海から北日本、千島近海へと進み、その後日本の上空に強い寒気が流れ込み11日にかけて強い冬型の気圧配置が続きました。この影響で北日本から西日本にかけて広い範囲で大雪、暴風となりました。7日から11日にかけての降雪量は新潟県高田で213センチ、岐阜県白河で192センチ、福井県大野で158センチ、更に普段雪の少ない九州などでも積雪となり、長崎県長崎では21センチの積雪となりました。

12月中旬から年末年始にかけての大雪で日本海側を中心に積雪が多くなっていたところに、今回の大雪で更に積雪が増えたことで、高速道路や一般道で立ち往生が発生。特に福井県の北陸自動車道で最大1000台以上が巻き込まれました。2020年12月の関越自動車道での立ち往生の教訓が十分に生かされず、また北陸では2018年12月の豪雪で国道8号線において約1500台の立ち往生が発生していたこともあり、1月9日には福井県と富山県で大雪に対する対策会議を開き、福井県では「2018年と同程度の大雪の可能性あり」としていたのに、立ち往生を防げませんでした。このほか道路の通行止めや、鉄道、航空機船舶の運休欠航なども発生、秋田県や新潟県の広い範囲では停電も発生しました。除雪作業中の事故も多数発生しています。

◎雪道でのスリップ事故・大雪の翌日は凍結にも要注意!!

▼**2021年2月17日　山口県防府市の山陽自動車道**

乗用車やトラックなどおよそ10台が関係する事故がありました。この事故で、乗用車に乗っていた56歳の女性が死亡したほか、男性2人がけがをしました。この女性の車は何らかの原因で走行車線で逆向きに止まっていて、そこに後続の大型トラックが衝突。路上に出ていた女性が巻き込まれたとみられます。事故当時、気温はマイナス1度。大雪警報がでていました。現場周辺の路面は凍結していて、スリップ事故の通報も寄せられていました。

▼**2018年2月　福岡県みやま市の国道**

新聞配達員の男性がバイクを運転中に転倒し、大型トラックにひかれて死亡しました。

路面に積もった雪でバイクがスリップしてセンターラインを越えたことが事故の原因とみられています。厳しい冷え込みで路面が凍結し、スリップ事故が相次いでいました。

◎日本の半分以上が豪雪地帯

日本は、国土の半分以上が豪雪地帯に指定されていて、気象観測所で観測された**積雪の世界記録も日本が1位**なのです。1927年、滋賀県と岐阜県の境にあった伊吹山測候所で観測された11メートル82センチが、その記録です。

雪の重みで、住宅が歪んだり壊れたりすることもあり、雪下ろしはしないわけにはいきませんが、高齢化・過疎化が進む雪国では、重労働である除雪作業は大きな負担です。特に北海道、東北、北陸に大雪が降った2020年12月から2021年1月に除雪中の事故で亡くなった方の7割が70歳以上だったという統計があります。コロナ禍で家族が帰省できず、業者に雪下ろしを頼んでも順番待ちで、自力でやるしかなかったという事情もあったようです。なお、自治体では雪かきのボランティアの受け入れを進めているところもあります。「除雪ボランティア」で検索してください。

◎雪で亡くなる方は　年間100人にのぼり、およそ8割が除雪中の事故

▼2021年1月3日　新潟県妙高市

屋根の上で除雪作業をしていた58歳の男性が転落し、亡くなりました。

▼2021年1月4日　秋田県大仙市

85歳の女性が雪に埋もれた状態で見つかり、その後、死亡が確認されました。除雪中に、屋根から落ちた雪の下敷きになった可能性が

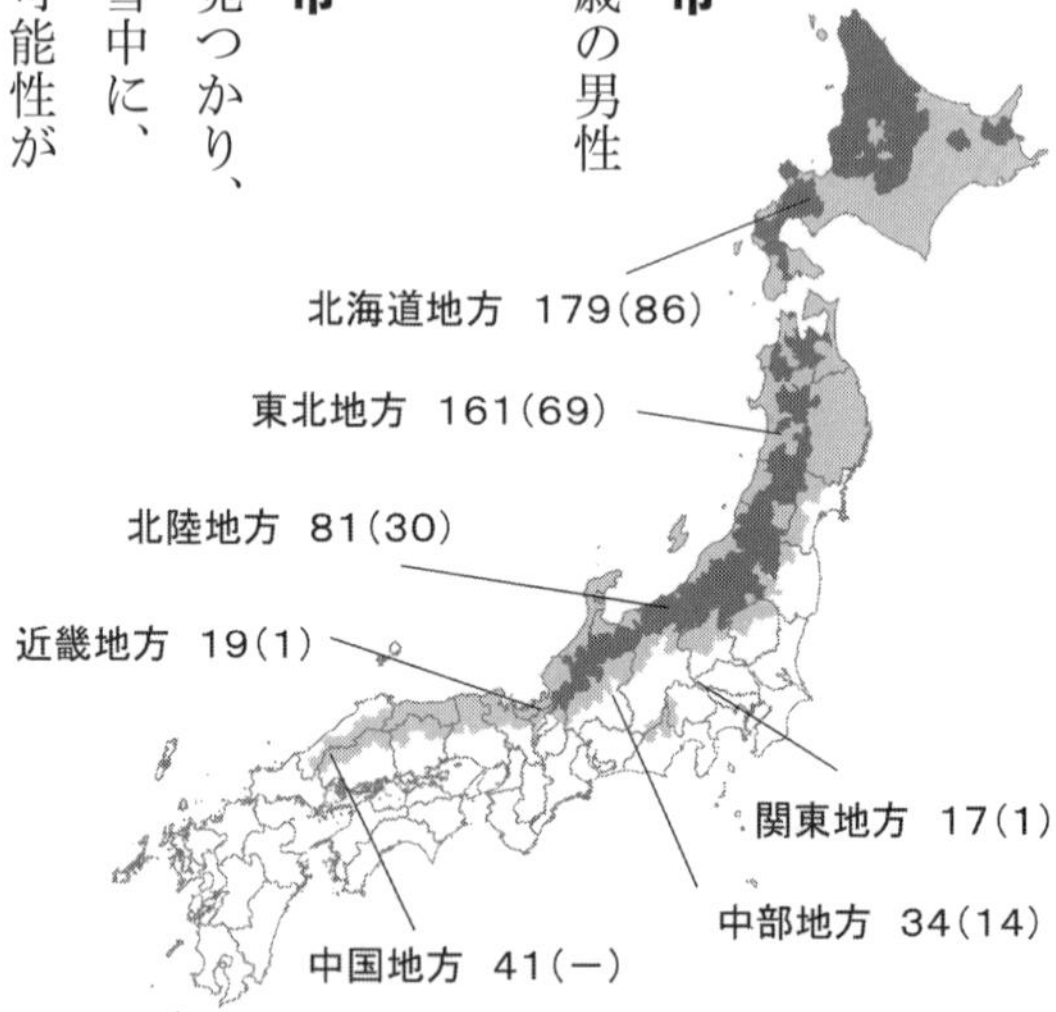

図38　■豪雪地帯・■特別豪雪地帯の指定（2020年4月1日現在）（「地方振興：豪雪地帯対策の推進—国土交通省 (mlit.go.jp)」のデータを加工して作成）
国土の1/2が豪雪地帯。24道府県・532市町村。市町村数は2020年4月1日現在。東京23区は1市としてカウント。
数字と括弧内の数字は、豪雪地帯（特別豪雪地帯）の自治体数。

あるとされています。

▼２０１６年２月　北海道旭川市の小中学校の校舎

屋根の雪下ろしをしていた男性作業員12人が雪ごと落下。搬送先の病院で２人が死亡。屋根には50センチ以上の雪が積もっており、一部の雪が一気に滑り落ちて、全員が5～6メートル下の雪の上に落下。２人は深さ約1メートルまで埋もれてしまったということです。作業員はヘルメットを着用していましたが、安全ロープはつけていなかったとみられます。

◎除雪中の事故で多いものは？

①屋根からの転落

雪下ろし中に屋根の上で足がスリップして転落したり、屋根の上のほうにある雪が滑り落ちてきて、バランスを崩して転落する事故。

②屋根からの落雪

軒下で除雪中に落雪で埋まったり、落雪が直撃する事故。

③水路などへの転落

融雪槽に投雪中、槽内に転落する事故。（発見までの時間がかかり、死亡に至る例も）

④除雪機の事故

エンジンを止めずに、雪詰まりを取り除こうとして巻き込まれる事故。（約7割が40～50代）

⑤除雪作業中に心筋梗塞などを発症

寒い屋外での重労働によって、作業中に心肺停止などで倒れる事故。

（内閣府のまとめより）

対策 危険から身を守るためには！

これだけは守りたい防災のポイント

◎危険な雪下ろし、事故を防ぐためには？

命を守る除雪中の事故防止十箇条（国土交通省が作成）

①作業は家族、となり近所にも声をかけて2人以上で！
②建物のまわりに雪を残して雪下ろし！
③晴れの日ほど要注意、屋根の雪がゆるんでいる！
④はしごの固定を忘れずに！
⑤エンジンを切ってから！　除雪機の雪詰まりの取り除き
⑥低い屋根でも油断は禁物！

⑦作業開始直後と疲れたころは特に慎重に！
⑧面倒でも命綱とヘルメットを！
⑨命綱・除雪機などの用具は、こまめに手入れ・点検を！
⑩作業のときには携帯電話を持っていく！

空き家の除雪が行われず、危険な状態になっている場合には、法律の定めに基づき市町村長の判断で雪下ろしを行うことが可能です。困ったときには、市町村に問い合わせてみてください。

◎車の運転　ここに注意！

原則、大雪のときは車で出かけない。どうしてもという場合は、次のことに注意しましょう。

1、「現在の雪」情報を活用（図39）

気象庁は、2019年11月から、現在の積雪の深さと降雪量（一定時間内に降った雪の量）

を表す「現在の雪」の情報を提供しています。これにより、今、どこで、雪がどのくらい積もり、降っているのかが地図上で一目でわかります。この情報は、パソコンやスマートフォンなどインターネットでも見ることができ、移動する際のルート選択などに役立てられます。

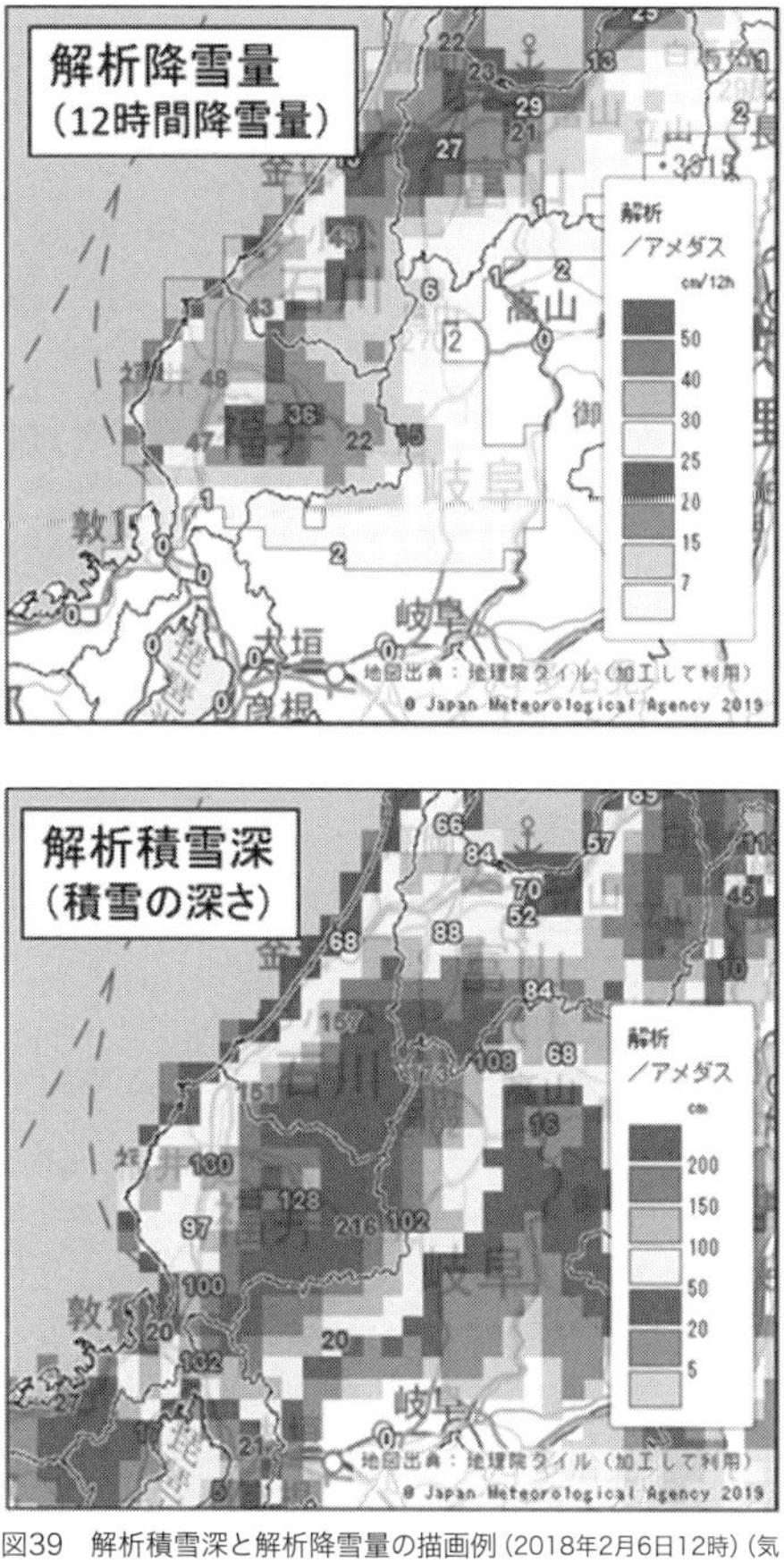

図39　解析積雪深と解析降雪量の描画例（2018年2月6日12時）（気象庁ホームページより

①「積雪の深さ」と「降雪量」の違いは？

どちらも雪の深さを表すものですが、次のような違いがあります。

・積雪の深さ：自然に降り積もって地面を覆っている雪の深さ

・降雪量：ある一定時間内に新しく地表に降り積もった雪の深さ

②走行ルートの確認（図41）

「現在の雪」の情報は、積雪の深さと降雪量を道路や鉄道等の地図情報と重ね合わせて確認できます。出かける前に目的地までの「現在の雪」を確認することで、車で移動する際の迂回ルートや予定の変更を検討することができます。

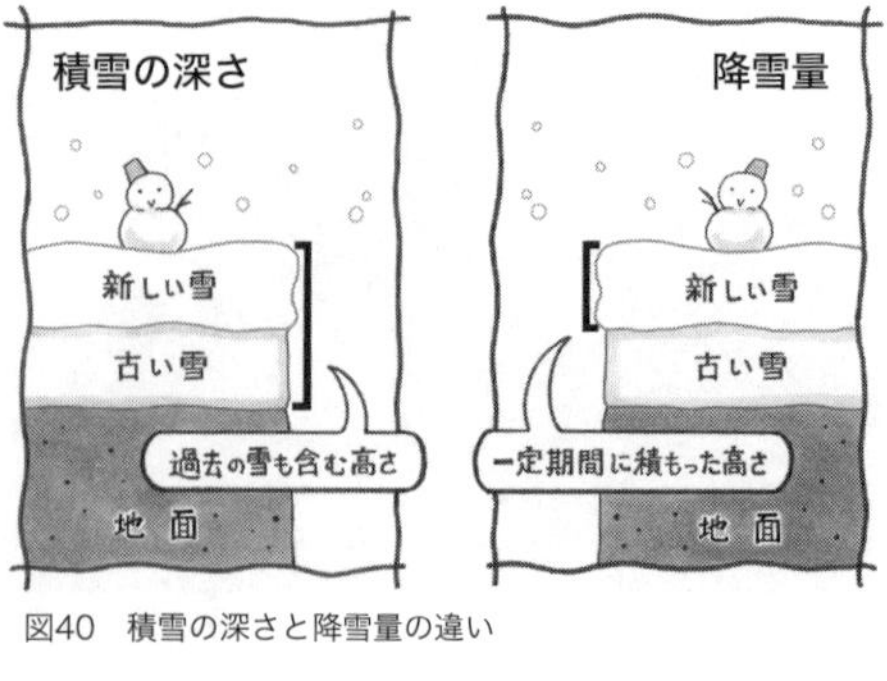

図40　積雪の深さと降雪量の違い

③3日先までの降雪量予測の提供と「短時間の大雪に一層の警戒を呼び掛ける情報」

気象庁は、「現在の雪」の情報に加え、精度良く予測が可能な大雪の場合には、地元の気象台が発表する気象情報などで3日先までの降雪量予測を提供します。大雪への早めの備えや防災対策に活用してください。

また、山形県、福島県（会津地方）、新潟県、富山県、石川県、福井県を対象に、短時間の顕著な降雪が観測され、今後も継続すると見込まれる場合、気象庁は、「短時間の大雪に対して一層の警戒を呼び掛ける情報」を発表します。

大規模な交通障害や大雪による災害などのおそれが高まっているときは、できるだけ外出を控えましょう。やむを得ず外出する際は、最新の情報を確認し、時間に余裕を持って行動してください。

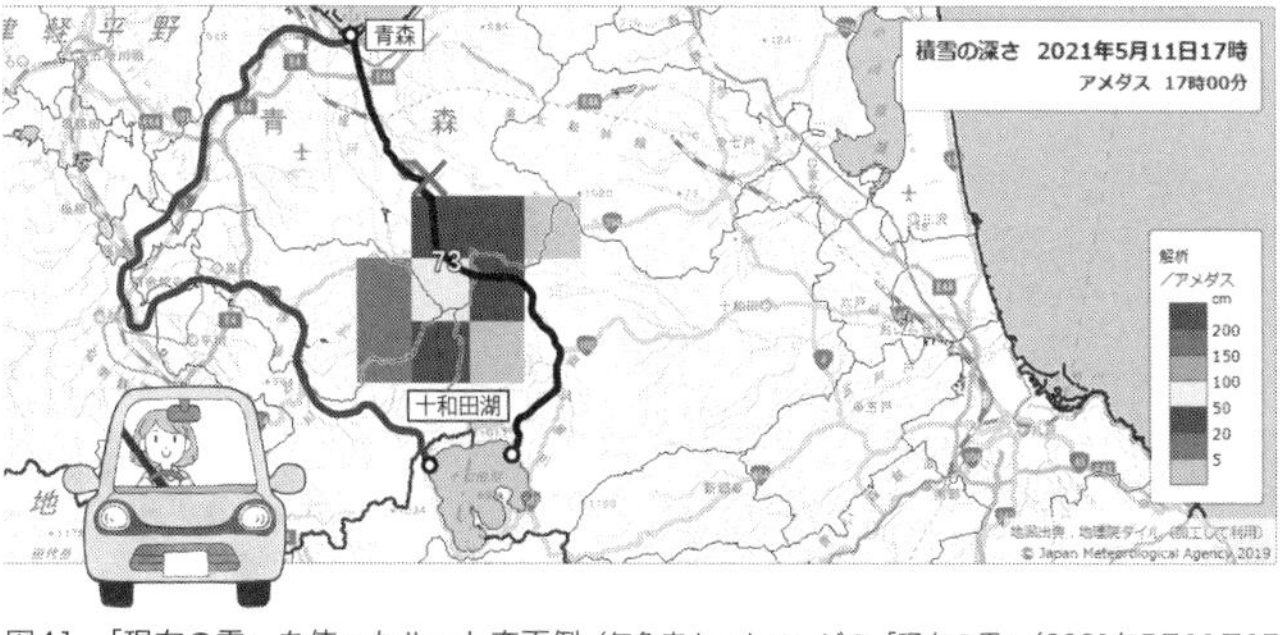

図41　「現在の雪」を使ったルート変更例（気象庁ホームページの「現在の雪」（2021年5月11日17時現在）を加工して作成）
青森市内から十和田湖へのルート。国道103号線を通って102号線に入り、北北東から十和田湖に行くルートが積雪73ミリなので、このルートを迂回して、国道7号線から国道102号線に入って北西から十和田湖に行くルートを選択。

2、雪道の運転に必要な備えとは？

①冬用タイヤ（スタッドレスタイヤ）を装着しましょう。冬用タイヤでないならば、タイヤチェーンは必須。といっても付けた経験がないとうまくいきません。前もって練習し、軍手や長靴も用意しておきましょう。

②雪道でスリップしたり、新雪にはまったりして動けなくなったら、タイヤの下にまく砂や、雪をかくスコップが必要になります。砂はペットボトルなどに入れて車に装備し、折りたたみ式のスコップも装備しましょう。また、鍵穴やドアノブ、フロントガラスが凍ったときのために、スプレー式の解氷剤も準備しましょう。

③非常用の食料と飲み物、簡易トイレ、毛布などの防寒具（身動きが取れなくなり、エンジンを切った場合のため）、自動車用携帯充電器（孤立したときに外部と連絡をとるため）を積んでおくと安心です。

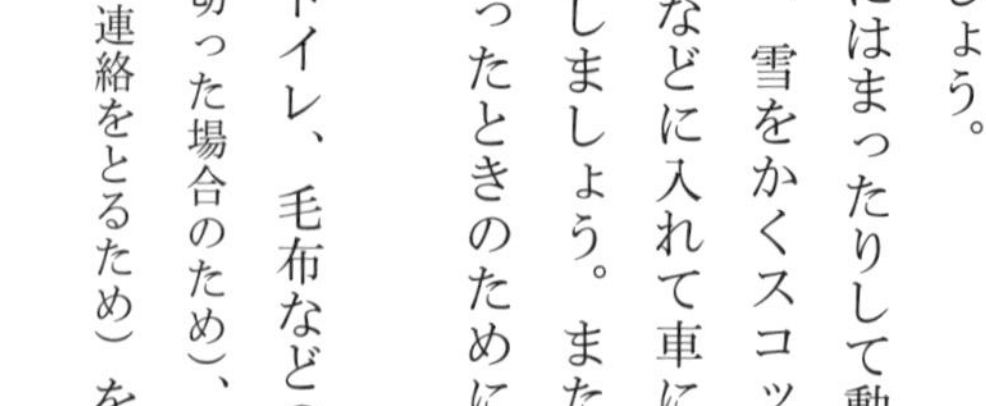

図42　エンジンをかけている間は、こまめにマフラーのまわりを除雪

④車内にとどまるときに何より気をつけたいのが「一酸化炭素中毒」。マフラーの排気口が雪でふさがれると、排ガスが車内に逆流します。車からこまめに降りて、マフラーの回りをスコップなどで除雪する必要があります。また、雪が吹き込まないように、風下側の窓を数センチ開けて換気もしましょう。

3、雪道の走り方は？

①「急」のつく運転は厳禁です。雪道での急ハンドル・急ブレーキ・急加速・急減速は禁物。慎重な運転操作を心がけましょう。
②速度を落とし、車間距離を十分に取りましょう。
③凍結しやすい場所を知っておきましょう。
橋の上
トンネルの出入り口
交差点の手前やカーブの手前などのブレーキをよく踏むところ
山間部などの日陰になっているところ

④積もった雪でガードレールや側溝が隠れてしまうことがあります。なるべく中央を走りましょう。

（ＪＡＦホームページより）

◎雪道で転ばない歩き方とは？

まずは滑りにくい底のぎざぎざしたゴム長靴やスノーブーツで歩きましょう。

①小さな歩幅で。
②少し膝をまげて重心を低く前に。
③足裏全体を路面につける気持ちで。
④急がずあせらず余裕をもって。
⑤荷物はリュックなどにして両手を空けて、転んだときに備えて手袋を。
⑥当たり前ですが、携帯電話・スマートフォンの「ながら歩き」は厳禁！

まとめ

1人で雪下ろしはしない！
ヘルメット・命綱をつけ、はしごは固定！
雪がとけて流れる水路や側溝をあらかじめ把握し、近づかない！
必ず冬用タイヤで、車間距離を十分とって、慎重な運転を！
最新の積雪、降雪情報（「現在の雪」情報など）を確認してより安全なルートを選ぶ！
車内にとどまるときは、一酸化炭素中毒に要注意！
歩行者はすべりにくい靴で歩幅を小さく、足裏全体で踏みしめるロボット歩きを！
時間に余裕をもった行動や計画の中止を！
停電に備えて、懐中電灯などの備えを！

⑩ 雪崩

鈴木純子アナウンサーが
お伝えします

事例 日本の半分以上が豪雪地帯

▼2017年3月27日　栃木県那須町で大規模雪崩

２０１７年３月27日午前８時30分頃、栃木県那須町の那須温泉ファミリースキー場近くで、「春山安全登山講習会」を行っていた栃木県内の高校生や教員のグループが雪崩に巻き込まれ、８人が死亡、40人が負傷しました。

このときは、日本の南海上と伊豆諸島付近を進んだ低気圧に向かって寒気が流れ込み、関東甲信地方の山地を中心に大雪となっていました。前日までは積雪が無かったのですが、27日未明から急激に積雪量が増え、27日午前８時には31センチに達していました。雪崩の発生しやすい気象条件となっていて、大雪注意報が発表されていました。

▼２０２１年３月14日　乗鞍岳のゲレンデ外で表層雪崩

3月14日午前、長野県乗鞍岳の松本市側の斜面で雪崩が発生。登山をしていた男性5人が巻き込まれ、40代の男性が死亡し、２人は軽いけがが、ほかの２人にけがはありませんでした。現場はスキー場のさらに上のゲレンデ外のエリアで、斜面の雪が、幅およそ２０0メートル、長さおよそ３００メートルにわたって崩れたということで、固まった雪の上に新たに積もった雪の層が崩れる「表層雪崩」が起きたとみられます。

◎日本の半分以上が豪雪地帯にあたる日本

雪崩による災害は、豪雪地帯で1〜3月を中心に発生していて、亡くなったり、行方不明になったりする方を伴う被害も、毎年のように起きています。

雪崩の危険がある場所は、集落（人家5戸以上）だけみても、全国で2万箇所以上あり、山間の道路、スキー場、観光地など、さまざまな場所で雪崩の災害が起こっています。

（政府広報オンラインより）

雪崩はスピードが速いので、発生に気づいてから逃げることはかなり難しいです。災害から身を守るためには、前もって雪崩が発生しやすいケースを知っておくことが大切です。

雪崩には「表層雪崩」と「全層雪崩」があります。

「表層雪崩」は、古い積雪の上に降り積もった新雪が滑り落ちるもので、気温が低く降雪が続く、1～2月の厳冬期に多く発生します。滑り落ちる速度は、時速100～200キロと新幹線並みのスピードです。発生地点から遠く離れた場所まで被害が及ぶ恐れがあり、とても危険です。

「全層雪崩」は、地表面上を積雪層全体が滑り落ちる現象で、春先気温が上がったり雨が降ったりする融雪期に多く発生します。こちらも時速40～80キロと自動車並のスピードで落下します。

対策 危険から身を守るためには！

これだけは守りたい防災のポイント

（政府広報オンラインより）

◎雪崩が発生しやすい場所や条件を知っておく！

1、発生しやすい場所（図44）

①急な斜面……傾斜が30度以上になると発生しやすくなり、特に35～45度がもっとも危険といわれています。

②木のまばらな斜面……背の低い木や草が生えている斜面では、雪崩発生の危険が高くなります。

③山の尾根から雪が張り出した雪庇《せっぴ》（図43）……張り出した部分が雪のかたまりとなって斜面に落ちることがあります。

④吹きだまりができている斜面
⑤過去に雪崩が発生した斜面
⑥積雪に亀裂ができている斜面
⑦スノーボールが見られる斜面……スノーボールとは、斜面をコロコロ落ちてくるボールのような雪のかたまりのこと。雪庇や巻だれの一部が落ちてきたもので、多く見られるときは特に要注意です。
⑧クラックが見られる場所……クラックとは、斜面にひっかき傷がついたような雪の裂け目のことで、多く見られるときは要注意です。
⑨雪しわが見られる場所……雪しわとは、ふやけた指先のようなシワ状の雪の模様のこと。積もっていた雪がゆるみ、少しずつ動き出そうとしている状態なので危険です。

図43　雪が張り出した雪庇に注意！

2、発生しやすい気象条件

①気温が低く、すでにかなりの積雪がある上に、短期間に大雪が降ったとき。例えば1メートル程度以上の積雪の上に30センチ程度以上の降雪があったときなど。
②0度以下の気温が続き、吹雪や強風が伴うとき
③春先や雨が降ったあと、フェーン現象などで気温が上昇したとき

3、こんなことにも注意しましょう！

ハザードマップで、その地域の危険箇所を把握。
「なだれ注意報」などの気象情報が出ていないかを確認。

◎雪崩発生の場に遭遇したら？

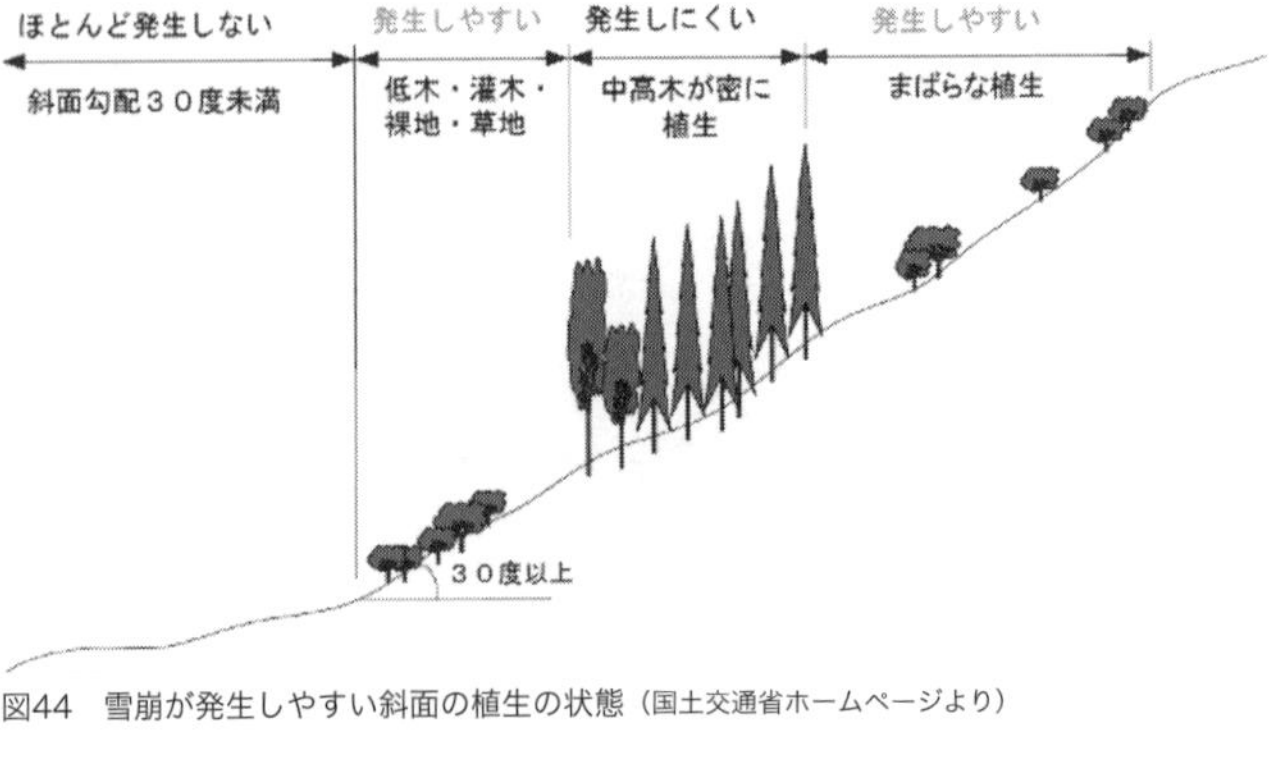

図44　雪崩が発生しやすい斜面の植生の状態（国土交通省ホームページより）

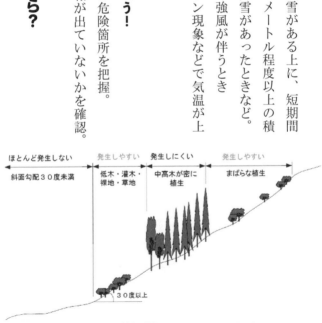

1、雪崩が自分の近くで起きた場合

①流されている人を見続ける。
②仲間が雪崩に巻き込まれた地点と、見えなくなった地点を覚えておく。
③雪崩が止まったら見張りを立て、遭難点と消失点にポールや木などの目印を立てる。
④すぐに無線機（雪崩ビーコン）などを用いて捜索する。（雪崩ビーコンとは電波の受信・発信することができる道具）
⑤見つかれば、直ちに掘り起こして救急処置を行う。

2、自分自身が雪崩に流されてしまった場合

①雪崩の流れの端へ逃げる。
②仲間が巻き込まれないように知らせる。
③身体から荷物をはずす。
④雪の中で泳いで浮上するようにする。
⑤雪が止まりそうになったとき、雪の中での空間を確保できるよう、手で口の前に空間を

作る。
⑥雪の中から、上を歩いている人の声が聞こえる場合があるため、聞こえたら大きな声を出す。

（全国地すべりがけ崩れ対策協議会より）

まとめ

危険な場所に近づかない！

急な斜面、木の少ないところ、雪の張り出し（雪庇）や、しわ・ひびができている所など、雪崩が発生しやすい場所や条件を知っておく！

急な気温低下・急な積雪・急な温度上昇があったときは、危険な場所を避ける！

雪崩の兆候などを見つけたらすぐに避難！

⑪ 吹雪

鈴木純子アナウンサーが
お伝えします

事例

視界ゼロの恐怖、ホワイトアウトと地吹雪

▼2021年1月19日　東北道でホワイトアウト、140台の多重事故（図45）

2021年1月19日正午ごろ、宮城県大崎市の東北自動車道下り線で、雪の影響とみられる多重事故が発生。60代の男性1人が死亡。18人が搬送され、このうち2人が大けが。車140台が関係する事故で、すべての車両移動を終えたのは午後8時すぎでした。現場は古川インターチェンジと長者原サービスエリアの間でおよそ900メートルにわたって車両が動けなくなりました。

仙台管区気象台によりますと、19日は風が強くところによって雪で、大崎市古川では正午前に27・8メートルの最大瞬間風速を観測していました。当時は風や雪で見通しがきかない、いわゆる「ホワイトアウト」状態だったとみられます。また正午には積雪10セン

チだったものが午後1時に6センチに減っています。このときの気温から考えても雪がとけることは考えにくく、強い風が積もった雪を吹き上げる「地吹雪」が発生して積雪が減った可能性が高いとみられます。地吹雪のために現場で急速に視界が悪くなったとみられるのです。

▼2013年3月2日　ホワイトアウト、地吹雪、吹き溜まり

北海道中標津町で、乗用車が雪の吹き溜まりに埋まり、車内に閉じ込められた母子4人が一酸化炭素中毒で死亡しました。

一方、北海道湧別町では、53歳の漁師の男

図45　地吹雪真っ白、衝突音が次々と。東北自動車道（宮城県）での多重事故現場（提供：朝日新聞社）

性と小学生の長女が軽トラックで出かけたまま行方不明となり、牧場の倉庫前で吹き溜まりの雪に埋もれているところを発見されました。父親は長女をかばうように覆いかぶさり凍死。長女は一命をとりとめました。父親は車を乗り捨て、長女と歩いて知人宅を目指しましたが、猛吹雪で視界もきかず、たどりつけなかったとみられます。

このときの北海道東部の暴風雪では、9人の方が尊い命を落としました。この日は朝から暴風雪警報が発表されていましたが、昼頃まで日差しが出たり、比較的穏やかな天候でした。しかし午後は天気が急変し、猛吹雪になったのです。週末の土曜日だったことも、人が外に出てしまった原因かもしれません。

前日に関東などに「春一番」をもたらした低気圧が北海道に接近。北からの寒気の影響で発達、いわゆる「爆弾低気圧」となって「暴風雪」をもたらしました。

暴風と雪で視界ゼロ。道路も空も真っ白。「ホワイトアウト」と呼ばれる状況です。明るいときに吹雪になると太陽光の反射で「ホワイトアウト」になってしまいます。前後左右だけでなく上下感覚さえも失い、一寸先も見えない。

しかし、この日の降雪量だけみるとたいしたことはないのです。恐ろしいのは「地吹雪」。強風は積もっている雪を巻き上げて「地吹雪」を起こし、降雪量以上の雪が視界を奪うのです。また、風で飛ばされた雪が建物や車など風を遮る場所に集まって「吹きだまり」を作ります。短い時間で車全体が雪に埋もれてしまい、このときも何十台もの車が動けなくなりました。

吹雪が発生すると、まわりがよく見えなくなり、車の運転ができなくなります。歩こうにも方向がわからなくなり、雪が吹き付けるため、呼吸ができなくなります。さらに、猛烈な風によって体温が奪われます。

人的被害があった中標津の2013年3月2日最大風速は11・9メートル/秒、3月として歴代3位の記録です。また湧別のこの日の最大風速20・1メートル/秒は3月として1位、年間でも2位。湧別の最大瞬間風速は30・4メートル/秒で、年間を通じても統計史上1位の暴風でした。

「吹雪・地吹雪のときの交通事故の6割が追突」（北海道地質調査業協会の調査より）という調査結果があります。吹雪や大雪などで目の前が「ホワイトアウト」状態のときの無理な運転は、重大事故を起こしてしまう危険があることを覚えておいてください。

対策◆危険から身を守るためには！
これだけは守りたい防災のポイント

◎吹雪の中の移動手段、車の危険を回避する方法

吹雪の中を歩くことはできないので移動手段は車となります。でも車だから安全とは限りません。危険のポイントと回避する方法を紹介します。

1、吹雪の中で運転、これだけは注意しましょう！

①相手に自分の存在を知らせることが大事です。ライトをつけましょう。また、前方の車が急に止まるかもしれません。車間距離を十分とってスピードダウンしましょう。

②車が立ち往生する場合に備えて防寒着、長靴、手袋、スコップ、牽引ロープ、飲料水や

非常食などを車に積んで、十分に燃料があることを確認して出かけましょう。
③運転中、地吹雪などの危険を感じたら、無理をせずに道の駅やコンビニエンスストア、ガソリンスタンドなどで、天気の回復を待ちましょう。

2、吹雪に遭って、車が動けなくなってしまったら？

①エンジンを切り、車内で救助や地吹雪が収まるのを待ちましょう。視界が悪いのに車外に出ると方向が分からず、遭難する危険があります
②ＪＡＦなどのロードサービス、近くの人家やコンビニエンスストアなどに必ず救助を依頼してください。また、ハザードランプの点灯や停止表示板を置くなど、車が目立つようにしましょう。
③避難できる場所や近くに人家などがない場合は、消防（１１９番）や警察（１１０番）に連絡して、車の中で救助を待ってください。
④車が雪に埋まったときは、エンジンを切りましょう。寒さに耐えられず、やむを得ずエンジンをかけるときは、マフラーが雪に埋まらないよう、こまめにマフラーのまわり

を除雪してください。マフラーが雪に埋まると排気ガスが車内に逆流し、一酸化炭素中毒を起こすおそれがあります。排気ガスに含まれる一酸化炭素は無色・無臭のため、気がつきません。風下側の窓を1センチくらい開けて換気を心がけ、救援を待ちましょう。

⑤車を置いて避難する場合には、除雪や救助活動の妨げとならないよう、連絡先を書いたメモなどを車内に置き、車の鍵は付けたままにしておきましょう。

（JAFホームページより）

まとめ

吹雪の中での運転は、ライト点灯、スピードダウン、車間距離！

疲れたり、運転に危険を感じたら、コンビニエンスストアや道の駅などで休憩を！

車が立ち往生した場合に備え、防寒着、長靴、手袋、スコップなどを積んでおく！

車が雪に埋まったときはエンジンを切る。またはこまめにマフラーのまわりを除雪するなど、一酸化炭素中毒に注意！

第2章 地震に備える

① 日頃から地震への備えを

伊藤佳子記者が
お伝えします

事例 日本は地震大国。今、大地震が起きたら……想像してみましょう！

▼1995年1月17日午前5時46分　「阪神・淡路大震災」

「兵庫県西宮市の実家で生き埋めになって、昼前には近所の人に助けてもらった。めちゃくちゃ寒かった。暖房のきいた車に、裸足のまま連れてってもらい、カーラジオからいつもの時間にいつもの声が聞こえてきて、ほっとした」「新長田にいたから、火の海だったかな。ケミカルシューズが多かったから、ゴムが焼けるにおい……立ってるものはひとつもなかった。忘れてはいけない……」

2020年、神戸市での「1・17の集い」で聞いた言葉です。

「阪神・淡路大震災」は戦後初の大都市直下型地震で、兵庫県の神戸市、西宮市、芦屋市、宝塚市と淡路島で、観測史上初の震度7を記録。6434人が亡くなりました。ビルや高速道路も倒壊し、各地で火災が発生しましたが、消防隊の手が回らず延焼地域が広がりました。また多くの方が就寝中の時間で、スムーズに避難することが難しく、犠牲者のおよそ8割が、倒壊した建物や家具の下敷きになり「圧死」で亡くなりました。

▼**2011年3月11日午後2時46分「東日本大震災」**

「地震の時は図書館にいました。本棚も倒れ停電したけど、その時はそんなにすごい津波が来るような大災害だっていう自覚がなく、家に戻り、庭に出て、ふっと下を見たら川が逆流してどんどん水嵩が増して……まさかね、うちの敷地までは来ないよね、と思っていたら下の家が浮いて流れてきた……。津波がぐるっと家を囲うようにきて、流された。静かだけどものすごい力で、頭の上を海水が……背泳ぎ状態で、上へ首、あごを上げて

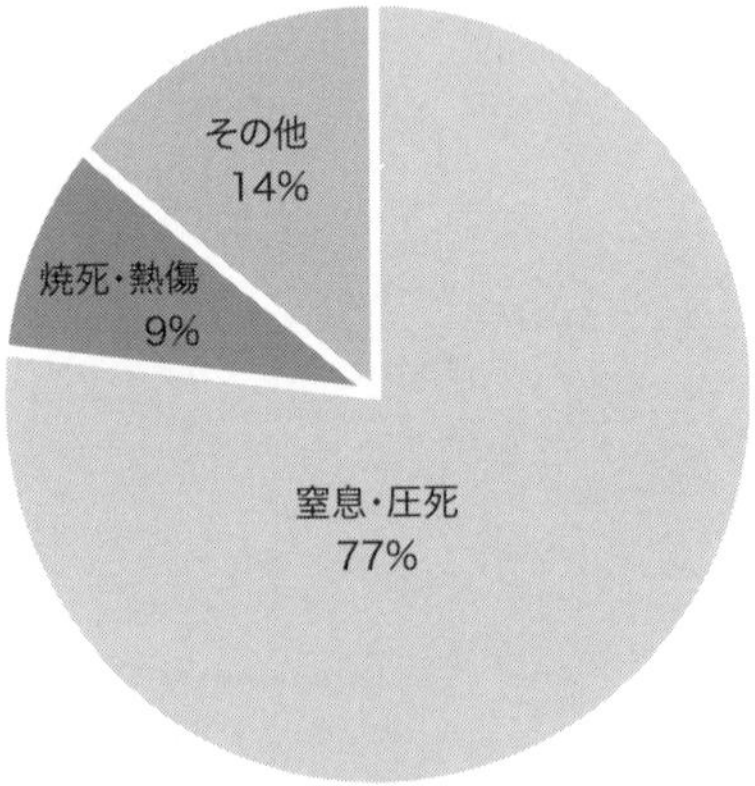

図46　阪神・淡路大震災の死亡原因（国土交通省近畿地方整備局ホームページより）

息が吸えるように……雑木林の木をつかんで、裏山に上がった……」
「港の近くの友達の家にいた。すごい地鳴り、廊下もらせん状に見えた……命がもうないかもと、みんなパニック。でも、すぐ車で高台に避難した。翌日ニュースを見たら、想像以上に自分の街がないじゃないかって。放心状態で現実として受け入れるのがすごく困難な状況だった……自分の家につながる橋が落ちてしまったので、帰るまでに1週間かかり、家族はもう自分は死んだものと思っていた……」

岩手県陸前高田市で被災された方の話ですが、陸前高田市は、死者・行方不明者1700人以上という甚大な被害を受けました。

「東日本大震災」は三陸沖を震源とするマグニチュード9・0という、日本の観測史上最大の地震です。宮城県北部の栗原市で最大震度7が観測された他、宮城県、福島県、茨城県、栃木県などで震度6強を観測。北海道から九州地方にかけて、震度6弱から震度1の揺れが観測されました。

さらに岩手県、宮城県、福島県を中心とした太平洋沿岸部を巨大な津波が襲いました。各地を襲った津波の高さは、福島県富岡町で21・1メートル、岩手県大船渡市で16・7

メートル、さらに陸地を駆け上がった津波の高さ（遡《そ》上《じょう》高《こう》）は、宮城県女川町（笠貝島）や岩手県宮古市で40メートル以上となり、観測史上最大の津波となりました。

国土地理院によると、青森、岩手、宮城、福島、茨城、千葉の6県で浸水した面積の合計は、山手線の内側の面積のおよそ9倍の561平方キロメートルにあたるとのことです。建物が倒壊する被害は多くなかったものの、地震の後、襲ってきた大津波に飲み込まれて多くの方が亡くなりました。死者・行方不明者は、震災関連死を含め、2万2000人以上

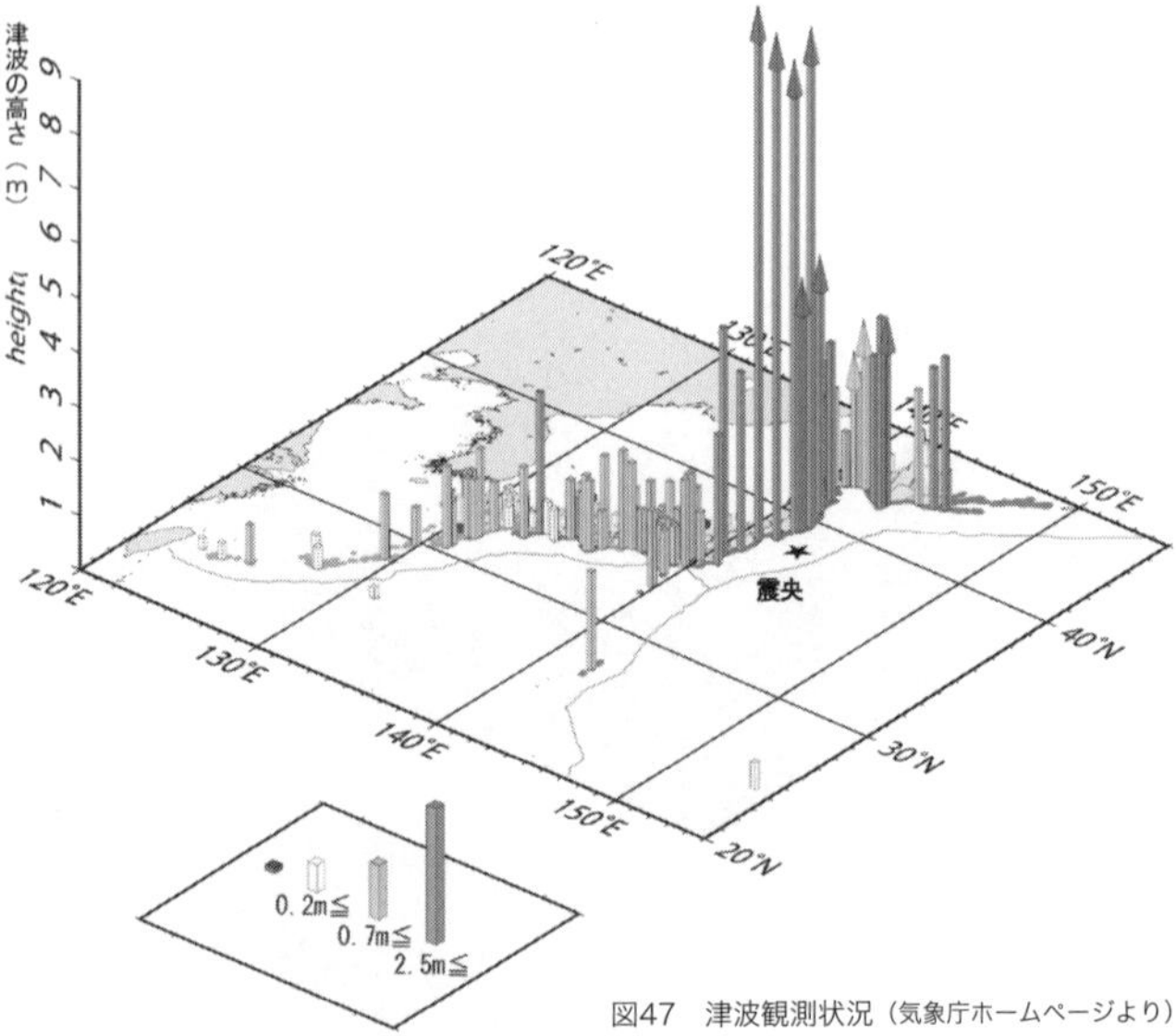

図47　津波観測状況（気象庁ホームページより）

となり、亡くなった方の死因はおよそ9割が溺死でした。

また、震度5強が観測された首都圏では、交通機関が不通となったため、大量の帰宅困難者が発生しました。私は地震発生後、火災の起きたお台場に中継車で向かいましたが、戻る途中大勢の人が歩道を歩いて帰宅する姿を目にしました。インタビューするとお台場から練馬や世田谷まで歩いて帰ると……。文化放送のある浜松町では、駅前の公衆電話に長蛇の列ができており、羽田空港

図48　岩手県田老町の津波の様子（岩手県田老町漁業協同組合の畠山昌彦氏撮影）
防潮堤を乗り越えて町に押し寄せる津波……防潮堤からわずか20メートルの組合事務所の3階で撮った写真。畠山さんは現実感がなくて、怖いと感じなかったと話していました。

に向かう東京モノレールの改札付近には多くの人が疲れ切った様子で座り込んでいました。

徒歩で帰ろうという人で、首都圏の歩道は大混雑。長時間並んで、ようやくタクシーやバスに乗っても大渋滞。また、帰宅できなかった多くの人が勤務先や都立学校などの一時収容施設で一夜を明かしました。家族の安否を確認したくても電話がなかなかつながらず、メールやSNSの方がつながりやすい状況でした。

さらに関東では、茨城、千葉、東京、埼玉、神奈川の広い範囲で液状化現象が発生。東京ディズニーランドの駐車場の一部も被害にあいました。重いマンホールが持ち上がるほど砂が噴出したところもあり、家や電信柱などが傾く被害も発生しました。また、水道、電気、ガスといったライフラインも一時ストップした地域もありました。

▼2016年4月14日午後9時26分・16日午前1時25分　「熊本地震」

4月14日、マグニチュード6・5の地震が熊本県内で発生、益城町で震度7を観測。気象庁は直後の会見で「1週間は震度6程度の余震に注意を」と呼びかけましたが、28時間後の16日未明にマグニチュード7・3の「本震」が発生、観測史上初めて、同じ益城町で再び震度7を観測しました。14日の地震は後に「前震」と呼ばれるようになりました。この地震をきっかけに気象庁は「余震」という言い方はせず、最初の大地震と「同程度の地震に注意」を呼びかけるようになりました。

災害関連死を含む死者は270人以上にのぼり、2700人以上がケガをし、住宅の被害は20万棟近くに上り、熊本城も石垣が崩れるなどの大きな被害を受けました。

「南海トラフ大地震」は、30年以内に70〜80％、首都直下地震も70％の確率で発生するといわれています。日本は地震大国。世界で発生するマグニチュード6・0以上の地震のおよそ2割が世界の陸地のわずか0・25％という小さな面積の日本付近で発生しています。明日と言わず今、大きな地震が起こってもおかしくありません。

対策 危険から身を守るためには！

これだけは守りたい防災のポイント

地震が起きたときは、何よりも「自分の命を守ること」、そして「けがをしないこと」が大切です。緊急地震速報を受けたり、地震の揺れを感じたら、まず身の安全を最優先に行動しましょう。

火の始末は揺れが収まってから行ってください。現在の都市ガスやプロパンガスは、震度5程度の揺れを感じると自動的にガスの供給を遮断するよう設定されています。また、石油ストーブなどにも耐震自動消火装置を備えたものが普及していて、使用中のコンロやストーブからの出火の危険性は低くなっています。仮に出火した場合でも、落ちついて対応すれば、揺れが収まってからでも十分消火することができます。

地震の揺れは突然襲ってきます。いつ揺れに見舞われても身を守ることができるように、屋内・屋外を問わず、周囲の状況や避難経路を確認し、揺れに備えましょう。

◎家を安全に！

1、家具を固定しましょう！

地震が起きると、いろいろなものが動きます。たんすや本棚、薄型テレビ、冷蔵庫など、家の中の家具は地震によって「凶器」にもなりうるのです。東京消防庁によりますと、熊本地震など近年発生した大きな地震で、けがをした人の原因は、約30％～50％が、家具類の転倒・落下・移動によるものでした。

①キッチン

食器棚が倒れたり、開き戸や引き出しから食器が飛び出したり、大変危険です。冷蔵庫や食器棚は、L型金具やベルト式器具で固定。電子レンジも市販の粘着ジェルで固定しましょう。冷蔵庫のドアや食器棚の扉もドアストッパーなどでロックしてください。食器棚のなかには、滑り止めシートを敷いたり、食器を重ねてしまうときも、下から「大皿↓中皿→小皿」の順にすると、食器棚から飛び出しにくくなります。

②リビング

大画面の薄型テレビは、テレビの底とテレビ台をジェルマットで、さらにベルトつき固定金具でテレビの背面を壁に固定。テレビ台も床に固定しておきましょう。

本棚本体も固定したうえで、重い本は下段、軽い本は上段にしまいましょう。

③寝室

なるべく物を置かないようにしましょう。

いつもの場所に寝転んで、危険をチェックしてみてください。家具を置く場合も、背の低いもの、寝ている場所に倒れてこないよう向きにも注意し

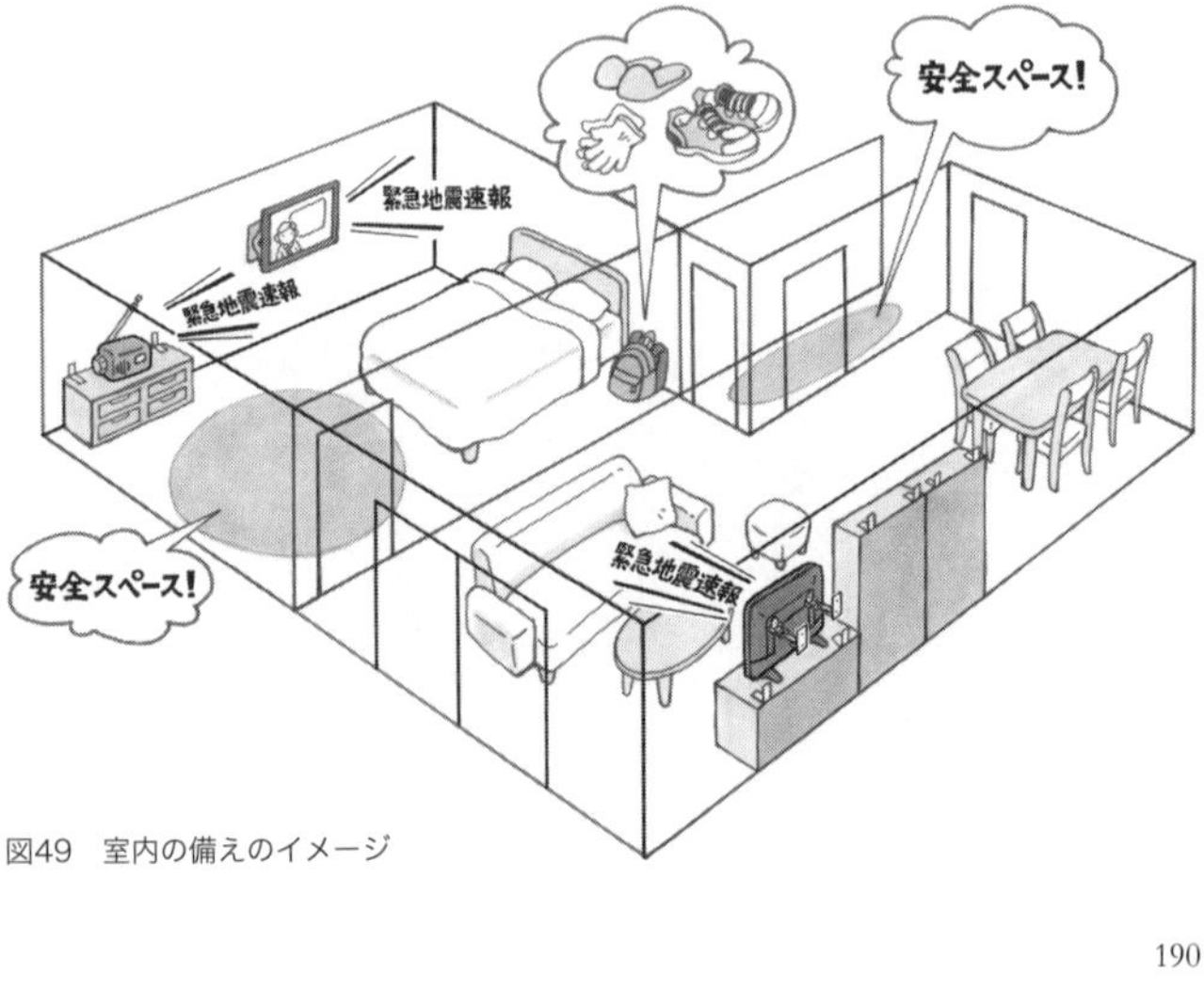

図49　室内の備えのイメージ

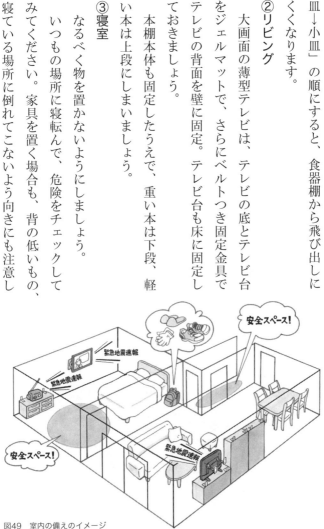

ましょう。寝ている場所の近くにスリッパなどを置き、窓には飛散防止フィルムを張りましょう。

④室内の出入り口

ドアの近くにものをおかないようにしましょう。（複数の逃げ道を確保する。）

⑤家具類などの転倒防止に使う器具

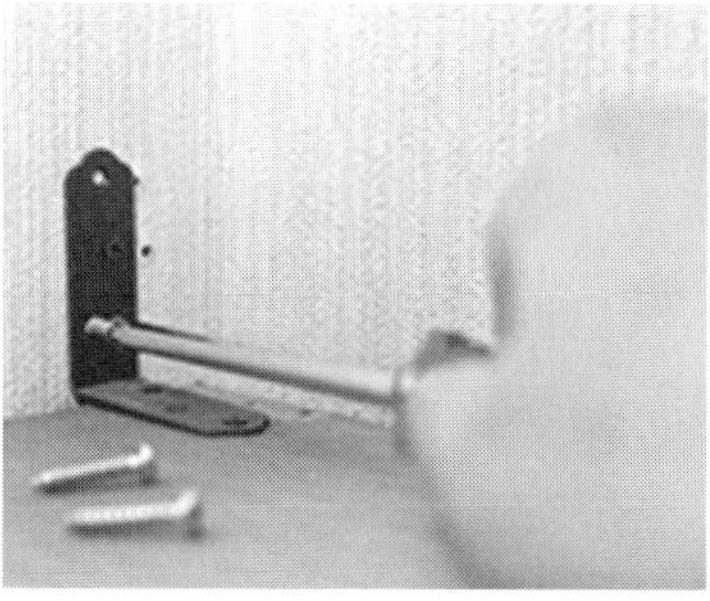

（写真：内閣府ホームページより）

・L型金具

家具と壁をネジ、ボルトで固定します。Lの字が下向きになるように取り付けると最も効果が高くなります。ホームセンターなどで数百円程度で購入できますが、壁に穴をあけるため賃貸住宅には使用しにくいのがデメリットです。

・ポール式器具（突っ張り棒）

ネジ止めすることなく、家具と天井の隙間に設置することができます。家具の両端、奥に設置します。天井板が薄い場合は、ポール式器具と天井の間に板を挟みます。

・ストッパー式

家具の前下部にくさび状に挟み、家具を壁側に傾斜させます。ポール式器具と組み合わせると効果が高くなります。

・マット式（粘着マット式）

粘着性のゲル状のもので、家具の底面と床面を接着させます。家電製品など比較的小さな家具に使えます。有効期限に注意が必要です。

・移動防止着脱式ベルト

壁とキャスター付き家具をつなげ、家具の移動を防止します。日常的に移動させる家具類に使用します。

・キャスター下皿

キャスターの下に置き、家具の移動を防ぎます。

2、家の耐震を確認しましょう！

国土交通省によりますと、建築基準法の現行の耐震基準を満たした住宅の割合は、２０１８年にはおよそ87％、徐々に上がってきました。１９８１年以前に建てられた住宅だと、耐震補強が必要になるかもしれません。日本建築防災協会のサイト「誰でもできるわが家の耐震診断」では、質問に答えることで、専門家への相談が必要かわかります。

◎地震が発生したらどうする？

1、家の中で地震がおこったら？

図50　背の高い家具は転倒防止器具で固定

まず頭と足元を守る！　座布団などで頭を保護し、大きな家具から離れ、丈夫な机の下や、落下転倒物がなく閉じ込められない「安全ゾーン」に行き、身を守る姿勢を取りましょう。あわてて外へ飛び出さない。

揺れがおさまったら火の始末、出火したときは炎が小さければ落ち着いて消火、炎が天井付近に達する場合は速やかに避難しましょう。

また、ドアや窓を開けて、避難ルートを確保しましょう。

2、家の外で大地震がおこったら？

①建物が密集している繁華街にいたら

落下物と転倒物、火災の危険もあります。カバンなどで頭を守り、丈夫な鉄筋コンクリートの建物や樹木の下に避難してください。ブロック塀などの倒壊や看板・割れたガラスの落下、切れた電線にも注意しましょう。

②エレベーターに乗っていたら

最寄りの階に停止させ、すぐに降りましょう。最新のエレベーターは「地震時管制運転装置」がついていて、揺れを感知すると最寄りの階で自動的に止まり扉も開きますが、念のため揺れを感じたら、すべての階のボタンを押し、止まった階で降りましょう。もし途中で止まってしまったら、非常用の呼び出しボタンやインターホンで助けを呼びましょう。備蓄ボックスが備えられているエレベーターもあるので、普段から確認しておきましょう。

③乗り物に乗っていたら

鉄道・バスでは、つり革・手すりにしっかりつかまりましょう。一般の車は緊急車両の通行の妨げになったり、信号機の故障などで2次災害の危険もあります。ハザードランプを点灯させ、徐行しながら道路の左側に停車し、揺れがおさまったら、空き駐車場や広場など、道路の外に駐車して避難しましょう。

④海の近くで大きな揺れを感じたら

まず身の安全をはかり、津波警報を待たずに、すぐに避難してください。避難する場所は「高台か近くの高いビル」です。津波は長時間続きます。津波警報が解除されるまで家に戻ってはダメです！

◎安否情報の確認方法を決めましょう

地震が発生したときに、家族がそれぞれ別な場所にいる場合に備えて、お互いの安否を確認する方法を家族で決めておきましょう。家族の無事が確認できないと、何も手につかない状態になります。

地震発生直後は電話がつながりにくくなるため、連絡がとれない場合があります。そんな時は、「災害伝言ダイヤル171」や、災害用伝言版「web171」、携帯各社の公式メニュー「災害用伝言板」などのサービスを利

災害用伝言ダイヤル「171」の使い方
（固定電話・携帯電話・公衆電話）
伝言を残す
（録音方法）
171
にダイヤルする
1 を押す
自分の電話番号を
市外局番から
入力する
1 # を入力
音声ガイダンス
に従って、
メッセージを録音する
伝言を聞く
（再生方法）
171
にダイヤルする
2 を押す
相手の電話番号を
市外局番から
入力する
1 # を入力
音声ガイダンス
に従って、
メッセージを再生する

図51　災害用伝言ダイヤル「171」の使い方
災害発生に備えて利用方法を事前に覚えるため、体験できる日があります。体験日に使ってみましょう！
毎月1日・15日 00:00〜24:00、正月三が日（1月1日00:00〜1月3日24:00）、防災週間（8月30日9:00〜9月5日17:00）、防災とボランティア週間（1月15日9:00〜1月21日17:00）

用することができます。

東日本大震災では、電話に比べ、メールやSNSはつながりやすい状況でした。LINEやショートメッセージ、メール、ツイッター、フェイスブックもあらかじめ使い方を確認しておきましょう。

アナログの手段として、集合場所も事前に家族と決めておきましょう。多くの自治体が、避難場所、避難所、給水拠点などの情報が掲載された防災マップを作成していて、インターネット上でも公開されています。家族で防災マップを見ながら具体的に話し合ってみてください。家族に避難場所を伝えるメモを残す場所、例えば玄関の扉の裏など、決めておきましょう。

まとめ

家の中を安全に！

家具を固定し、転倒防止を！

地震が起きたら、頭を守って身の安全確保を！

家族で連絡ルールを決めておこう！

1 日頃から地震への備えを

② 非常用持ち出し袋と備蓄品

伊藤佳子記者が
お伝えします

対策 危険から身を守るためには！

これだけは守りたい防災のポイント

〈自分にあった持ち出し袋　備蓄食料はローリングストックで〉

◎非常用持ち出し袋には、何を入れたらよいのか？

非常用持ち出し袋は、避難したときに最低限必要なものを入れた袋です。

「あわてて着替えの服とかを入れて避難所に来た。夫に『水と食料は持ってきたんじゃろうね?!』って怒られた。なんで備えてなかったんだろう……」

土砂災害にあった広島市の避難所で聞いた話です。普段から用意していないと、パニックになって何を持ち出していいかわからなくなりますよね。

普段持ち歩くバッグに、最低限必要な水・栄養補助食品やお菓子・携帯トイレ・携帯バッテリーなどを常に入れて、「これが私の非常用持ち出し袋です」という、防災の専門家もいます。

防災は人それぞれ、「オーダーメイド」で自分や家族に必要なものを用意しましょう。例えば、いつも旅行に持っていくものに、自分たちにとって非常用に必要なものをプラスして、リュックや旅行用バッグにおさまるように調整し、実際持ち歩ける重さで作ってみてください。薬や化粧水などの身支度グッズ、お子さんのお気に入りのおもちゃ、サイズのあったオムツなど、何が必要か想像してみましょう。

非常用持ち出し袋に入れる中身の例

飲料水　　　　携帯トイレ　　　　貴重品（現金、健康保険証のコピーなど）
食料品（カップ麺、ビスケット、チョコレートなど手軽に食べられるもの）　　衣類・下着　　救急用品（ばんそうこう、包帯、常備薬など）
マスク
軍手

ポリ袋・ごみ袋・ラップ・新聞紙　予備の電池　携帯ラジオ
レインコート（カッパ）　ヘッドライト（懐中電灯）　ホイッスル
毛布・タオル　ウェットティッシュ　アルコール消毒液
電池交換式バッテリー（携帯電話を充電）　洗面用具　スリッパ・体温計
折り畳み式ヘルメット

そのほか、自分に合わせて、使い捨てコンタクト・お薬手帳・入れ歯の洗浄剤・赤ちゃん用ミルクセット・生理用品・保湿クリームなど。

◎何をどれだけ備蓄する？

家庭での食料の備蓄は「ローリングストック」を！

ローリングストックとは、備蓄した食材を普段から使い回しながら災害に備える方法です。（図52）

非常食は日常食の延長でまかなえます。普段よく食べる、家族が好きな食品を多めに買いそろえておきましょう。食べたら、その分買い足していけば賞味期限切れになることもありません。

カセットコンロとガスボンベがあれば、いつもの食事が用意できますし、災害時に温かな食事ができることは、心の安定にもつながります。レトルト食品・缶詰なども便利でおいしいものがいろいろあります。フリーズドライの野菜や短時間でゆであがる細目のパスタも備蓄におすすめです。

災害時に適した調理法もあります。例えば、「パッククッキング」ともいわれるポリ袋調理。耐熱性のポリ袋に食材を入れ、袋のまま鍋で湯せんする方法です。普段の食品が使えますし、ごはんとおかずを1つの鍋で同時に調理することができます。加熱に使った水が汚れないので再利用できますし、袋に入れたまま食器によそえば食器が汚れないので、「防災レシピ」とも言われます。ポリ袋は、高密度ポリエチレンでできた

図52　ローリングストックのしくみ
3日分くらいを備蓄→古いものから消費→使った分を補充

半透明の袋を使ってください。

災害時の大人一人に最低限必要な3日分の備蓄品例

・水…9リットル
・缶詰…5缶（さばの味噌煮、野菜など）
・食料品…9食（主食、副菜、栄養補助食品含む）
・簡易トイレ…15セット（1日5回使用の場合）
・トイレットペーパー…1ロール
・常備薬…各1箱（解熱鎮痛剤、総合感冒薬、軟膏、包帯、湿布 など）
・毛布…1枚
・ラジオ…1台
・携帯電話用バッテリー…1台
・懐中電灯…1台
・電池…1箱（10本入）

備蓄品がどれだけ必要かは各家庭にもよりますが、東京都が開設した「**東京備蓄ナビ**」というサイトで簡単に調べることができます。家族構成や年代、戸建てかマンションか、ペットがいるかなど数問の質問に回答するだけで、必要な備蓄品目や数量の目安がリスト化され、1枚の紙にプリントアウトもでき、メールに送って家族と共有することもできます。

例えば大人2人（男女）・子ども1人（男児、3歳〜小6）・戸建て・ペット1匹だと、次のような備蓄品目と必要量のリストが表示されます。

あなたのご家庭で必要な備蓄品リスト（**目安：3〜7日間分**）

水：26L
レトルトご飯：26食
レトルト食品：9個
缶詰（さばの味噌煮、野菜など）：9缶
栄養補助食品：9箱
カセットボンベ：ガスコンロ
1台につき1日4／3本
ラップ：1本
ポリ袋：1箱
ビニール手袋：1箱
マルチツール：1個
給水袋：3袋
ポータブルストーブ：1台
生理用品：30個セット
基礎化粧品：1個

野菜ジュース：9本
チーズ・プロテインバー等：3パック
健康飲料粉末：9袋
調味料セット：適宜
乾麺即席麺：3パック
無洗米：4kg
飲み物：9本
お菓子：3パック
果物の缶詰：3缶
除菌ウェットティッシュ：90枚
アルコールスプレー：1本
マスク：9枚
口内洗浄液：810ml
救急箱：1箱
常備薬：1箱
カセットコンロ：1台

アルミホイル：1本
トイレットペーパー：3ロール
ティッシュペーパー：3箱
懐中電灯：1灯
乾電池：単1〜単4までのセット
点火棒：1本
使い捨てカイロ：18個
使い捨てコンタクトレンズ：
1人1か月分
携帯電話充電器：携帯台数に
合わせて用意
布製ガムテープ：2巻
軍手：9組
新聞紙：適宜
手回し充電式などのラジオ：1台
簡易トイレ：45回分

フリーズドライ食品：適量
乾物：適量
歯みがき用ウェットティッシュ：
90枚程度
ウェットボディタオル：9枚
LEDランタン：最低3台
ヘッドライト：3個
クーラーボックス：1個
リュックサック：1個

ペットに必要な備蓄リスト

・ペットフード
・水
・ペット用首輪リード
・ペット用のトイレ用品
・ペット用の食器

できれば1週間分、備蓄しておきましょう。大きな地震が発生すれば、電気・ガス・水道・通信などのライフラインや、物流も途絶え、物資の供給が止まる可能性もあります。

家が安全なら在宅避難が一番です。精神的にも肉体的にも休まりますし、避難所に入れない場合も想定されます。なるべく自宅で生活できるよう、非常用持ち出し袋に加えて、備蓄しておくことが大切です。

◎「携帯トイレ」はどう使うのか？

「携帯トイレ」はとても大切です（備蓄品リストでは簡易トイレ）。食べることはがまんできても、トイレはがまんできません。

大きな地震が起こると断水や停電、給排水管や汚水処理施設の損傷などで、水洗トイレは使えなくなります。水が流れないトイレを無理に使うことはやめましょう。例えば、排水設備が破損した場合、風呂の残り湯など流す水を確保したとしても、トイレから汚水を流すことができなくなります。無理に流すと自分の家だけでなく、マンションの下の階の便器で排水があふれる可能性もあります。

携帯トイレを家の便器にどう設置して、どのように使うのかも確認しておきましょう。

携帯トイレは便器に取り付ける袋式のトイレです。吸収シートや凝固剤を入れて、排泄物を固め、携帯トイレの袋だけ取り出し、口を強くしばって、密閉できる容器に入れ、ごみの収集がくるまで保管します。携帯トイレをいきなり便器に取り付けると、便器の底に溜まっている水が付いてしまい、交換時にポタポタ垂れてしまいます。まずは便座を上げて、便器そのものに45リットルのポリ袋を被せ、便座を下ろしてから携帯トイレを取り付けましょう。

図53　携帯トイレの使い方
市販のポリ袋を便器に被せて便座で挟む→携帯トイレをセットする→用を足して固める→携帯トイレの口をしっかりしばる→密閉できる容器に入れる→手をよく洗う

③ 感染症と分散避難

事例 避難所が足りない……分散避難を！

▼2020年9月4日～7日　台風10号

一時、特別警報級まで発達すると警戒が呼びかけられた台風10号。九州での死者不明者は6人、このうち宮崎県椎葉村では、ベトナム人実習生を含む4人が土砂崩れに巻き込まれました。

「分散避難」先にホテルを選んだ人も多く、台風接近が予想された熊本市や長崎市などの宿泊施設では満室が相次ぎ、ホテルの関係者からも経験したことがないと驚きの声が聞かれました。

各地の避難所では、新型コロナウイルス対策で定員を減らしており、当日避難所を追加するなどしたものの、インターネットで情報を確認できない高齢者を中心に「たらい回し」となる事態も発生しました。最初に訪れたA避難所は満員で、A避難所からB避難所まで移動する間にB避難所も満員になり、今度はC避難所へ……という状況となり、情報の伝え方も課題となりました。

コロナウイルスの感染予防策に追われたり、避難所の増設で人手が足りない、仕切りに使う段ボールなどの資材が足りない、台風ではドアや窓を開けられず換気ができないなどの問題点も挙げられました。また熊本市で開設したペット避難所では、およそ370人・160匹が利用しましたが、一部つながっている指定避難所からの「においや鳴き声が気になる」などの指摘もあり、課題も残りました。

対策 危険から身を守るためには！

これだけは守りたい防災のポイント

自宅が安全なら、「在宅避難」が一番です。そうでないなら、知人宅・親せき宅・ホテル・駐車場（車中避難）・テント泊……複数の避難先を事前に確認しておきましょう。

仮に感染症がなくても、東京など人口の多い首都圏は、指定避難所に物理的に入れない可能性があります。東京都の避難所の収容人数はおよそ320万人、これに対し都の人口はおよそ1400万人です。コロナ禍だと密を避けるために、避難所の受け入れ人数がこれまでの3分の1や半分以下になるところもあります。

コロナ禍での避難所では、検温や消毒などを行い、世帯ごとに仕切りや段ボールベッドを用意したり、ゾーニング（区分け）を行うなど多くの作業が加わります。自治体の職員だけではとても手が足りません。以前取材した東京・足立区の避難所訓練でも、「避難所の運営は避難してきた人がする」と話していました。区が地域の町会・自治会の協力により運営しますが、避難してきた地域の人も原則「運営スタッフ」になってもらうということです。

避難所での感染症対策の具体例です。

令和2年7月豪雨の避難所における新型コロナウイルス感染症対策の取組例

（内閣府ホームページより）

①避難者の健康管理
・受付時にチェックリストによる問診、検温を実施
・1時間ごとに巡回、声掛けを実施し、健康状態を把握
・受付時の聞き取り、毎朝の健康状態確認、検温の実施
・非接触型体温計で検温、アルコール消毒の実施
・受付時の問診の結果に応じて専用スペースを割当て
・一般の避難者スペースでは、パーティションによる区画ごとに番号管理

・各避難所に保健師やDMATが巡回
・看護師や医療スタッフが常駐し、健康チェックを実施

②避難所の衛生管理

・マスク、消毒液のほか、ごみ袋、手袋、タオル、フェイスシールドを用意
・避難者配付用のマスク、ウェットティッシュのほか、施設内の定期的な消毒用除菌シートを準備
・テーブルやドアノブ、トイレ、階段手すり等の消毒
・清掃時に、次亜塩素酸で消毒

③避難者スペースの十分な確保

・パーティションやテープ等を利用して区画を示し、避難者のスペースを確保
・家族間の間は2メートル離すよう世帯ごとのスペースを配置
・世帯ごとにテントを設置

④発熱者等への対応

・専用スペースの確保のほか、専用トイレ、動線も確保

・発熱者や基礎疾患を持つ避難者には、避難所に隣接する別施設を準備
・症状をみて、避難所ではなく病院へ緊急搬送
・発熱者は別室に隔離。その後、保健所に相談したり、救急の場合は病院へ搬送
・発熱者等専用の避難所を確保し、保健師を配置

また、ＪＶＯＡＤ《ジェイボアード》＝認定ＮＰＯ法人全国災害ボランティア支援団体ネットワークの「新型コロナウイルス避難生活お役立ちサポートブック」は、ＪＶＯＡＤのホームページから見ることができます。わかりやすく、最新情報に基づいて随時更新されています。例えば図54は、避難所のゾーニングレイアウト例です。

避難するときは、これまでの避難用グッズに加え、マスク、アルコール消毒液、体温計、スリッパを持っていきましょう。

→第2章「2　非常用持ち出し袋と備蓄品」（200頁）参照

各階間取図

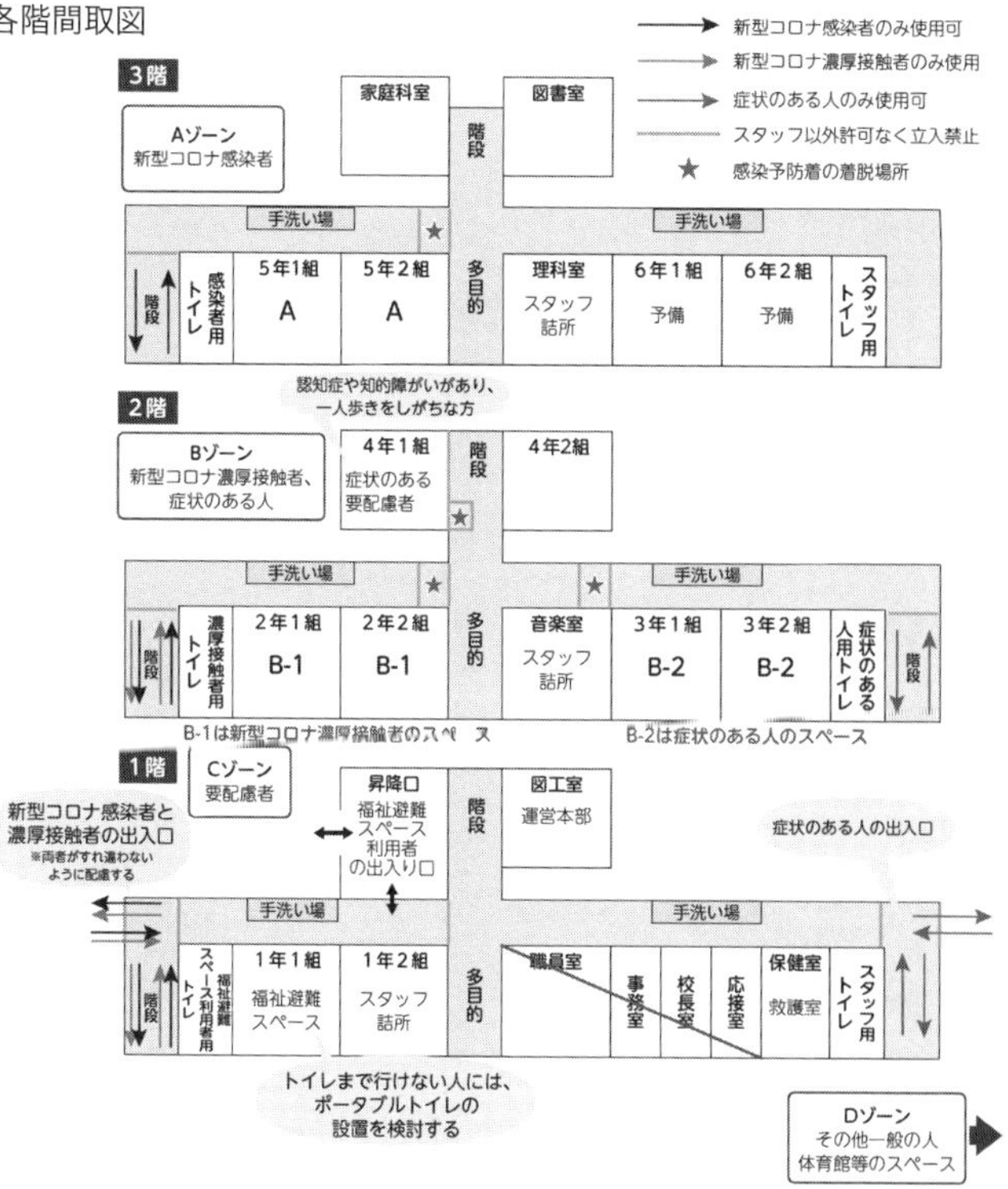

◎レイアウトのポイント

・ＡＢＣＤゾーンの人が使う部屋、トイレ・手洗い場は分け、お互いが交わらない動線をつくる。

・可能であればゾーンごとに、スタッフルームを設置する。

・ＡＢは、行政職員や医療、看護、保健、福祉の専門職などが優先的に対応する。

図54　避難所のゾーニングレイアウト例（JVOAD「新型コロナウイルス避難生活お役立ちサポートブック」より）

★「避難場所」「避難所」とは

災害が起きた時、避難する場所は大きく分けて主に2つあります。

「避難場所」は、洪水や津波、火災などが起きたときに、まずは逃げ込む場所のことです。基本的に公園やグラウンドなどのオープンスペース、津波タワーもこれにあたります。

「避難所」は、浸水や大地震の災害で、家に住めなくなった人たちが、一時的に生活する場所で、学校の体育館など屋内の施設が指定されています。

もちろん「避難所」と「避難場所」を兼ねているところもあります。いざというときに、どちらを目指したらよいのか、災害の種類によっても違ってきます。しっかり確認しておきましょう。

まとめ

自宅が安全なら「在宅避難」を！
知人宅・親せき宅・ホテル・車中泊など「分散避難」を！
避難所に行くなら、マスク、アルコール消毒液、体温計も忘れずに！

図55　感染症対策を踏まえた東京都足立区・長門小学校での訓練の様子（著者撮影）
消毒の後、「検温・問診」のスクリーニング（写真上）、避難者カードを記入（写真下）

④ 特別収録

防災のスペシャリスト
山村武彦（防災システム研究所所長）
インタビュー

インタビュアー
伊藤佳子・鈴木純子

山村武彦（やまむら・たけひこ　防災システム研究所所長）

1943年、東京都出身。

1964年、新潟地震でのボランティア活動を契機に、防災・危機管理のシンクタンク「防災システム研究所」を設立。以来50年以上にわたり、世界中で発生する災害の現地調査を実施。報道番組での解説や日本各地での講演、執筆活動などを通じ、防災意識の啓発に取り組む。また、多くの企業や自治体のアドバイザーを歴任し、ＢＣＰ（事業継続計画）マニュアルや防災マニュアルの策定など、災害に強い企業、社会、街づくりに携わる。

実践的防災・危機管理の第一人者。座右の銘は「真実と教訓は、現場にあり」。著書は『感染症×大規模災害 実践的分散避難と避難所運営』（ぎょうせい）、『台風防災の新常識 災害激甚化時代を生き抜く防災虎の巻』（戎光祥出版）、『災害に強いまちづくりは互近助の力』（ぎょうせい）など多数。

伊藤　山村武彦さんといえば、防災という分野の「レジェンド」。山村さんは、防災の世界にもう55年以上携わっていらっしゃいます。国内外問わず、たくさんの被災現場に行かれてますけれども、実際どんな状態だったのか、ご紹介いただけますか。

山村　１９９５年1月17日に発生した阪神・淡路大震災の20日前に、三陸はるか沖地震が発生していたんです。前年の１９９４年12月28日、ちょうど仕事納めの日に地震が発生して、そのまま現場に行ったんです。実はその2か月前には北海道東方沖地震というのがあったんですね。連続して地震が発生していて、北海道の現場にも行っていました。それでそのときに、新聞社に寄稿を頼まれていたんです。

これは北海道と東北で起こった海溝型地震で、特に、はるか沖地震の被災地八戸では、パチンコ屋さんがつぶれて死者が出たりして、大きな被害を受けた。規模としてはそれほど大きくない地震にもかかわらず、かなりの被害が出ている。このはるか沖地震から、応急危険度判定というのが始まったんです。

そのとき新聞には、これがもし大都市で起きれば、これはたいへん大きな被害を出すだろうと。この2つの地震は、大地からの警告と受け止め準備すべき、というようなことを書いたんです。ですからあとで、予測したみたいですね、というようなこと言われました。

はるか沖地震の20日後に阪神・淡路大震災が起こるんですが、大震災が起きた日、第4回日米都市防災会議が大阪で開かれる予定だったんです。アメリカから友人が来ていて、前の日に泊まるというから、じゃあ私もごいっしょしますといって、2人で大阪で一杯やったりしてたんです。ホテルの8階で寝ていて、朝5時46分にドーンと来たわけです。

関西では地震に対する意識が低い。だから大阪で会議を開くことになったんです。関西というか

近畿地方に大地震は来ないという、ある種「安全神話」があって、関東は地震が頻繁に起こる地域だけど、近畿は地震がないところみたいなイメージだったんです。ですから近畿から転勤してきた人たちが東京に来ると、しょっちゅう地震があるのでびっくりした、みたいなことがありました。実際には近畿にも活断層がたくさんあり、南海トラフ巨大地震の可能性もあるしね、地震が起こっても不思議ではないんだけれども、しばらく大きな地震がなかったんですね。しばらくないと、人間というのは地震がないと思ってしまう。自分に都合よく考えてしまうわけです。

地震発生から2時間後の神戸に入ってびっくりしたのは、木造の古い建物の耐震性のなさですね。地震がないと思っている地域では、耐震化っていうことに思いが及ばないですから。結果として、多くの古い木造家屋の下敷きなどで6434人という方が亡くなってしまいました。

2時間後に見たのが、道路に車がいっぱい立ち往生している状態。フロントが壊れたり、分離帯に突っ込んだり、油とか水が流れてたりしているんです。呆然と立っている人がいたんで「どうしたんですか」って聞いたら、「これ私の車で、地震が起きたとき運転していたんですが、最初は何が起きたかわからなかった」と。そのうち車の天井に頭がどかんどかんぶつかる。ハンドルもブレーキもいうこときかない。うわーっていう状態の中で、ガードレールに激突して、もう車が動かない状態だったと言うんです。

直下型地震の場合は、車に乗っていると、地震を感知しにくいんですね。サスペンションがあるから、小さな揺れは吸収してしまう。大揺れになってからだともうハンドルがきかない……。トラックの運転手さんの話では、まるでサーフィンをやってるみたいだったと。大きな波に乗ってるような状態だったと、そんな話をしていました。そんな揺れ方だったんです。

そのときに直下型地震という言葉が非常にクローズアップされるんです。都市の真下で地震、ましてや過去地震が少なかったという地域、地震がないという安全神話に頼っていた地域が襲われると、たいへん大きな被害になるなということを痛感しましたね。日本中地震はどこでも起こりうる。

現場に行ってみるとですね……車道だけでなく、まわりは瓦礫やガラスが歩道を埋め尽くしている状態。電柱が倒れたり、電柱の上に載っていたトランスが落ちて、電線があちこち垂れ下がってるんですよ。だからもう車で走れる状態ではなくなっている。

こんなこともありました。東灘あたりで、なになにさーんって名前を呼んでるんですよ、あちこちで。行方不明者がたくさんいたんです。もう家が完全につぶれてるから。私も救助活動を手伝うんですけども、閉じ込められた人の、助けを求めるかすかな声が聞こえないんですね。瓦礫の下にもぐってるからというのもあるだろうけど、もうひとつは、その頃にはもうヘリコプターがかなりの数飛んでるんです。そのヘリコプターの音がうるさくて聞こえない。上空を高く飛ぶんならいいんだけど、かなり低空で飛んでくるのもいたんです。海外では災害時にサイレントタイムってい

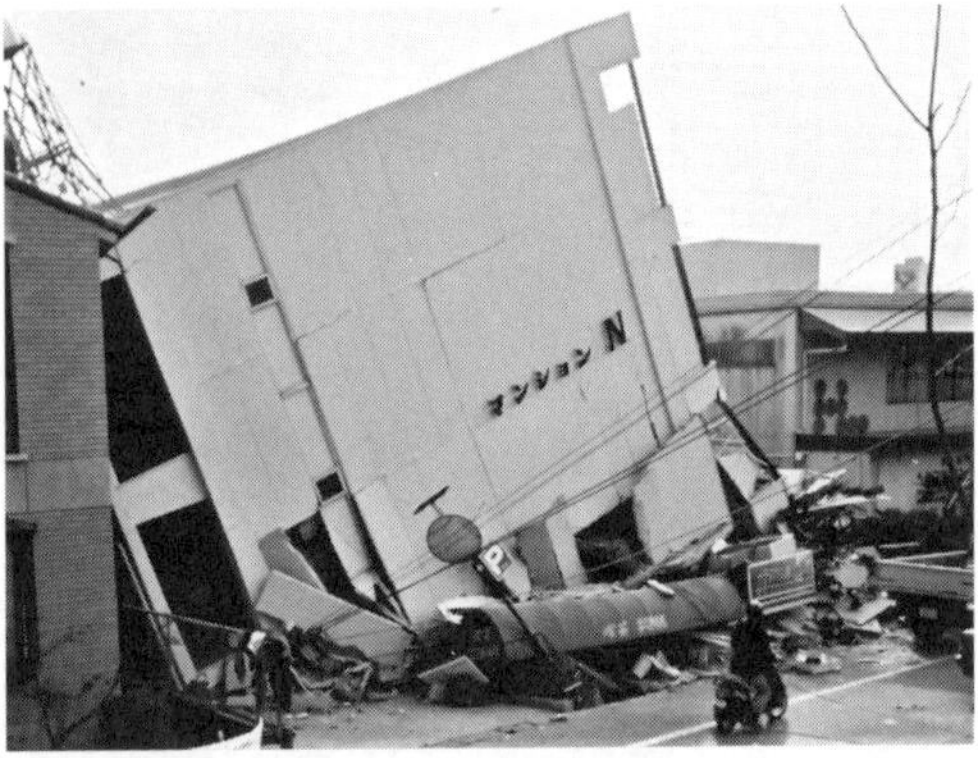

図56　倒壊したマンションの瓦礫で歩道は通行できない。（提供：防災システム研究所、撮影：山村武彦）

うのを一日に2、3回作るんです。重機もヘリも全部止めて、その間に救助犬と一緒に瓦礫の下に生存者がいないか、その声を聞きまわる。海外にはそういう時間があるんです。誰かいませんかーって、探している人たちが声をあげてもヘリの音で届かないんですよ。助けを求める声も届かない。それで私は、日本でもサイレントタイムを作るべきだっていうことを、ずいぶんいろんなところで言いましたけど、まだ実現してないですね。

そういうこともあって、私は「命の笛」というものを作ったんです。手元に遠くまで届く大きな音が出る笛を持っていれば、声が出せなくても、その笛を吹いて助けを求めることができるんじゃないかと。人の声って意外と届かないんですね。何かに挟まれた密閉空間だとなかなか届きにくい。私が提案している「命の笛」というのは、外ならだいたい800メートルは届く。普通の笛のだいたい10倍くらい遠くまで届くんです。水に濡れても音が出るんです。アメリカのマサチューセッツ工科大学の先生が作った笛なんです。アメリカでは沿岸警備隊でも「嵐の中で聞こえる笛」ということで「ストームホイッスル」という名前で使われています。それを小型化してもらって、全国に売ってもらうようにしました。

阪神・淡路大震災というのは、都市防災の教訓がたくさんあった地震だなと思いますね。地震だけでなく、災害はみんなそうだけれど、すべて顔が違うんですね。それぞれの顔があるというか。ひとつとして同じ地震はない。

この仕事を始めた頃、私のかみさんが、「え、また行くの？ このあいだも行ったよね？ このあいだも行ったからもう地震はいいんじゃないの？」みたいなことを言っていたけど、ぜんぶ違うんだよと。ぜんぶ表情が違う。ひとつとして同じ地震や同じ災害はないんです。

例えば阪神・淡路大震災と東日本大震災はまったく違うし、熊本地震も違うしね。地震だけじゃなくて、水害だろうが噴火だろうが、環境も条件が違う。

ただし、いろんな防災対策の基本原則は地震対策です。地震対策をやっておくと、ある程度共通の対策が多い。停電対策にしても、断水対策にしても。地震を基準にして防災対策を進めるというのは正しい。それに付け加えて、洪水や噴火の災害特性も含めてやっていくということが大切だと思いますね。

阪神・淡路大震災で生き埋めの人がたくさん出たということも教訓のひとつですね。私はここで救助活動を手伝ったんですが、最初は救助している人が1人しかいなかったんです。「どうしたんですか」って聞いたら、「下に埋まって」るって言うんです。つぶれていない家も近くにあったんで、「まわりの人たちはどうしたんですか」って聞いたら、「まわりの人はたぶん避難所に避難したと思います」って言うんですよ。地震＝避難というイメージがあって、ショックで避難してしまったんでしょうけど、みんなが避難してしまったら、誰が生き埋めの人を助けるんですか、誰が火を消すんですか、ということが浸透してないんですね。だからやっぱり、きちっとした知識とか意識を持って訓練しておかないと緊急時は適切に対応できないんだなと、つくづく感じました。

例えば人間1人を助けるのに、屋根を剝いで、梁を取り除いて、2階から行くわけですけれども、今度は2階の床を剝がなきゃいけない。柱だとかいろんなものを動かすのに用意してある小さなバールなんかじゃまったく役に立たない。一番役に立ったのが、工事現場から見つけてきた鉄パイプでしたね。ロープで梁をひっかけて、トラックで引っ張るんだけどぜんぜん動かない。あと必要だったのがのこぎりとかジャッキですね。何か持ち上げるものと、それから切るもの。チェーンソーとかね。これは必需品だなと思ったし、それから小さなバールなんかよりも、本当に使えるような鉄パイプを防災倉庫に入れておいた方が、本当に役に立つなと思いましたね。

そういうような教訓もたくさんありました。阪神・淡路大震災では火災も発生してたんですよね。いくら耐震マンションでも、中から火が出ちゃうと住めなくなる。地震によって漏れたガスに引火して火が出るんですね。当時、5時46分ていうのは非常に暗いんですよ。停電で真っ暗になった中で、どうしようもないからって、仏壇にたどり着いて蠟燭に火を着けた途端に、漏れていたガスに引火するという状態が起こってるんです。約285か所からの同時多発火災でしたから、たいへんなことだなと思いました。

道路もしばらく経ったら大渋滞。大渋滞ですから、救助した人を病院にも運べないし、緊急車両もすぐには近づけない。道路に散乱しているものがたくさんあったり、建物が壊れたりしているから、救助隊もいっぺんにすぐに来られない。

私はいつもラジオを持っているのですが、あの時ほどラジオの有効性を思ったことはありません。イヤホン付けてラジオを聞きながら救助活動をしている時でした。突然そばにいた人が私の袖を引っ張るんですよ。「なんですか」って聞いたら、「東京はどうなってます」っ聞くんです。見渡す限りやられてるから、全国やられたんじゃないかと思っていたんでしょうね。「東京は大丈夫ですよ」と言ったら、ほっとした顔するんですよ。情報がないということはそういうことかと思いました。だから、たとえどんな情報でも早い段階で全体の規模を知らせる、知るっていうのが重要なんです。あの時ほどラジオってすごいなと思ったことはないですよ。情報がないと人は、本当に途方に暮れてしまう、何していいかわからない、そういう状態になってしまうんですね。

阪神・淡路大震災では、閉じ込められた人が約35000人いました。マンションが家ごと変形しちゃうんですよ。ドアがまったく開かない。地震のときドアを開けろっていうのは、こういうことからきてるんですけど、どんな立派な建物でも、損壊・変形するとドアが開かなくなって、押しても引いても開かないんですよ、声はするのに。とんとんとんとんとん叩いてるんだけど……。すぐ近くで火災も発生している状況でした。道具を持ってきてもなかなか開かない。だから結局は雨戸からロープを垂らしてもらって、それで救助するという状態でした。だからこういういざってときの避難路の確保と避難器具の準備というのは、非常に重要と思いましたね。

後から調べてみると兵庫県の監察医の集計では、亡くなった人の92％が地震発生14分以内に亡くなっているんですね。つまり早く助けなきゃ助からないんですよ。それができるのは近くの人だけですね。警察、自衛隊、消防だってすべてのところに、すぐには来られないわけですから。だから、遠くの親戚より近くの隣人、向こう三軒両隣の防災隣組が必要なのです。そして互いに近くで助け合う「互近助《ごきんじょ》」が大切とずっと言い続けてるんです。何かあったときに頼りになるのは近くの人ですよ。遠くのことをやろうと思ってもできない。

それから、ガラス飛散防止フィルムを貼ってあった家のガラスは飛び散ってないいんですね。ひびは入っているけど飛び散っていない。ここは住めるんですよ。だから怪我もしていない。ガラス飛散防止フィルムの価値ってたいへんなものだなと思いましたね。そういうさまざまな地震共通の教訓が非常に多かったな、というのが阪神・淡路大震災の感想でしょうか。

伊藤　発生から2時間後には現場にいらっしゃった、というのもすごいことだなと思います。

山村　当時はタクシーに自動車電話が付いていたんです。電話番号を聞いておいて、この電話番号に折り返してくださいって伝えると自動車電話にかかってくる。すると最初は運転手さんが出ますよね、運転手さんは「何とかタクシーです」って言うんだけど、血相を変えたテレビ局の人とかが、「山村先生はいます

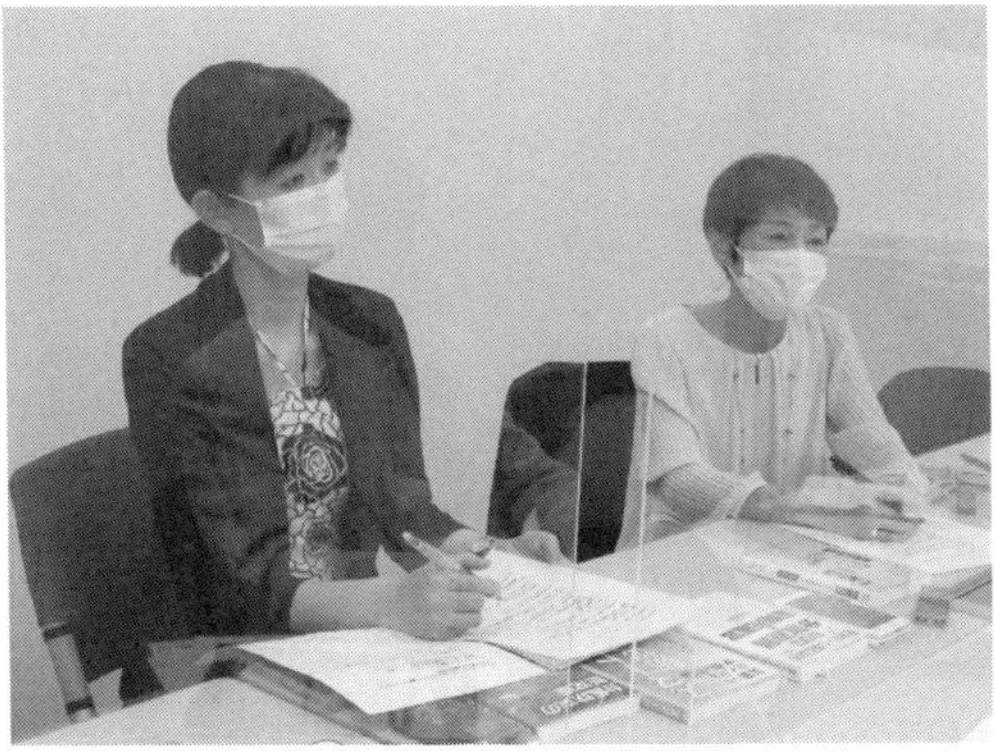

か！」っていうわけです。それまでは「なんか変な奴を乗せちゃったな、大丈夫かな」みたいな感じで運転手さんがちらちらバックミラーで見てたんだけど、そのうち「あ、もしかしたら偉い人かもしれない」みたいな雰囲気に変わってきて、救助活動を手伝ってるときも対応が違ってくるんですよ。そのうち運転手さんがパンと牛乳なんか持ってきてね。こっちは救助活動やってるから、腹減ってるのも忘れちゃってるわけです。「先生！」……その頃はもう「先生」なんです、「先生、食べてくださいよ！」って。「いいの？」って聞いたら「いい！」って。アンパンと牛乳のおいしいことね。食べ終わってから気がついて、「運転手さん、このパンどこから持ってきたんです？」って聞いたら、「角のパン屋さん壊れてましてね」って言って。「お金は？」って言ったら「置いてきました！」って言って。そんなこともありました。

道端にはみんな呆然と座り込んで、どうしていいかわからない。怪我してる人もいるんだけど、救急車なんか来ないし、車も動かないから、そんな状態でぼーっとしてる人たちがたくさんいる。余震が時折起こってきますしね、ガタガタって。直下型地震の特徴は、余震が頻発することなんですね。そのときもけっこう余震があって。

ヘリコプターがあんまり飛んでこないうちはシーンとしてるんですよ。遠くの方で消防車のサイレンみたいなのが鳴ってるんだけど、それ以外はしんとして街が色を失っててね。神戸は色の街だったんだけど。看板も派手だったし、屋根の色もけっこういろんな色があった。それがもう色を失って、まるで灰色の街。街じゅうが泥だらけなんですよ。当時向こうは土葺き瓦っていって、土を置いた上に瓦を載せる方式なんですね。家がつぶれたときに、乾いた土がわーって舞い上がって、街じゅうが泥だらけっていうか埃だらけ。だから、誰も入ってないとこに土を踏み分けていくと足跡が深く残るみたいな、そんな感じでしたね。だからむせる……非常持ち出し袋にマスクは必需品だと思いました。マスクがないとやってられない状態で、車なんか通るとうわーっと舞い上がって、もう噴火の後の現場に行ったような、そんな感じでしたね。

最終的には、私は対策本部に合流するんですけど、某テレビ局が神戸支局に行ってくれないか、そこで合流してほしいみたいな話で、「すぐには行かれないから何時に行けるかわかりませんよ」と。何とか到着すると神戸支局はつぶれちゃっててね。そこに男の人がひとり立っていて「山村さんですか」って言うから「そうです」って言ったら、「対策本部に行ってください」って。「それはどこ?」って聞いたら、「神戸市役所の8階です」って。最初1階に対策本部を作ったらしいんです。ところが1階に被災者がうわーっと来ちゃって、これじゃ駄目だっていうんで8階に動かして、8階は非常電源が付いていて、水道も出るんですよ。

あのときすごいなと思ったのは、マスコミの人たち同士が机と電源のぶんどり合戦だね。「コンセント、コンセント!」って。某テレビ局は机は取れなくて、コンセントひとつだけ取った、そんな感じで、すさまじかったですね。それに、どういうわけだかちゃんとおむすびが飯台に載ってるんです。よろしければ皆さん食べてくださいって持ってくるんだよね。それで私たちは食べながら仕事して。運転手さんもまだいて、「あんたも食べときな」と。その運転手さんとは、その頃には3日間ずっと行動を共にしていて、もう戦友みたいなもんですよ。最初の頃は「あっちの方は煙が出ているうちは危ない、あっちは行くのよそう」なんて言ってたのに、最終的には「いやだめですよ、行かれますから行きましょうよ」とか言うんですよ。「行かないと駄目です!」みたいな。運転手さんのほうが夢中になってやってるみたいな、そんな感じでした。

市の広報の人も含めてたいへんな状態でしたね。白板に今現在避難所に何人いますよって。夜になって8万人ぐらいになって、そのうち30万人を超えるわけですから。私は後からずっと避難場所を回っていくんですけど、避難所はたいへんな状態になってて。こっちはおむすびと水なんかもらったけど、本当に食べてていいのかなという気持ちになる。8階から見ると、あちこちに煙が立ちのぼっていて。ただ不幸中の幸いだったのは、当時風がほとんどなかったんですね。煙がみんなまっすぐのぼってるんです。ああまだよかったかなと思ったんですが、菅原市場なんかは圧倒的にわあっと燃え広がってるわけです。乾燥していましたから。3日前から乾燥注意報が出てる最中でしたから、異常に乾燥している中での地震・火災、それも朝5時46分。5時46分っていうのはそれほど火を使っていない時間帯だけれど、それでも火災は起きた。古い木造の家というのは、いったんどこからか火が出ると、大きくなる。地震のときの火災っていうのは、薪をくべてるようなもんですよ、つぶれちゃってるから。外壁は耐火性能があっても家が壊れ、つぶれて木がむき出しになってると、延焼拡大しやすくなる。瓦は全部落ちちゃってる。火の粉が飛び火して次々と燃え広がる、という状態でした。大火になると、上昇気流みたいに風も起こるんですね。現場に行ってびっくりしたのは、1か所だけの火災はわーって上に炎がのぼってるんだけど、燃え広がるにつれて炎が斜めになってるんですね。それだけ上昇気流っていうか、空気の層が変わっていくわけです。都市火災というのは非常に恐ろしいですね。火災で亡くなった方っていうのは、ほとんどいないと言われてはいるんだけど、実際は亡くなってるからわからないですよね。家の下敷きになって逃げられず、火災になって亡くなった人もいらっしゃるだろうから、一概には言えないんですけど。

いずれにしても、阪神・淡路大震災は、私がひとつの原点としている新潟地震に次いで、もうひとつの防災の原点になった都市型の地震ですね。いろいろな教訓を我々に与えてくれたなと思います。

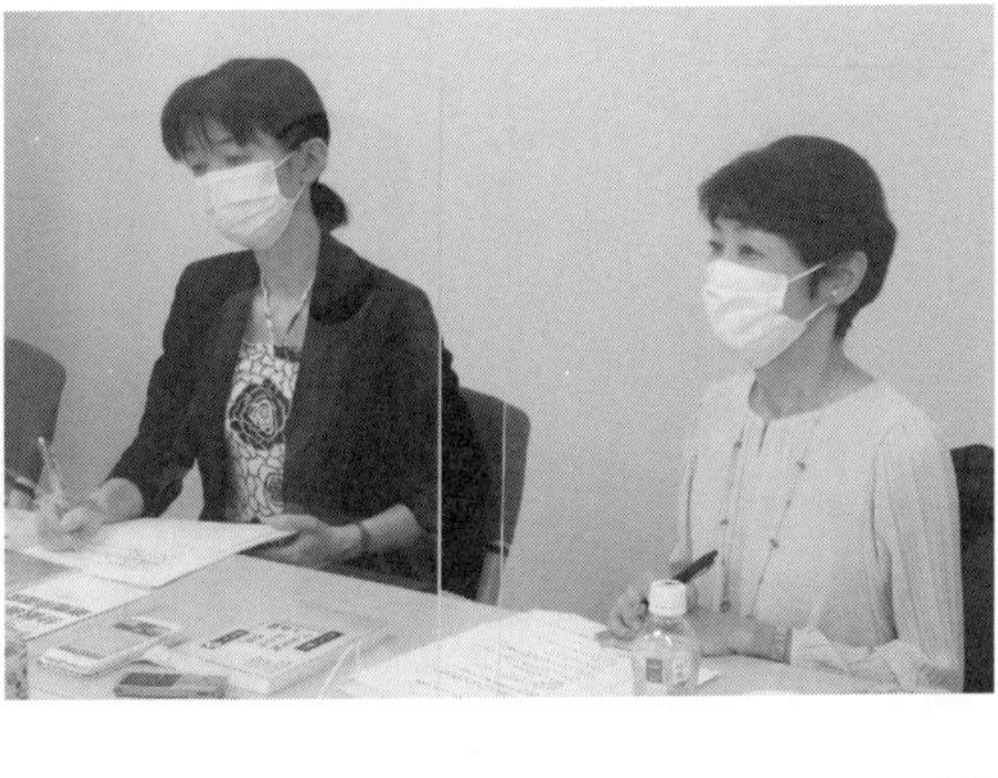

鈴木　山村さんがおっしゃっていた「互近助さん」について伺います。本当にご近所の人に助けてもらわなければ、もう助からない、そういうところがあったと思うのですが、互いに近くで助け合うことを阪神・淡路大震災のときから提唱されて、「互近助」という言葉をお作りになりました。この大切さというのは、実際に現場に立っていらっしゃってすごく感じられたのではないでしょうか。

山村　神戸市長田区の菅原市場のすぐそばの商店街なんですけど、その商店街の会長さんとその娘さんがしっかりした人で、「みんなバケツ持って集まれ」って声をかけ合ってね。一部のアーケードでは火が付きそうなものを壊して、あちこちにある防火水槽を開けて、バケツリレーをやるんですよ。最終的にはその防火水槽は空っぽになるまでね。それぐらい水を汲み出してるんです。水槽の底には桶みたいなのが何個か残っていて、それでバケツに汲んでバケツリレーをやってたんでしょうね、きっと。おかげでその商店街は残ってるんですよ。奇跡の街なんて言われたときもあったんですけど、要するに皆が力を合わせれば、街を守ることもできるということを目の当たりに感じました。

伊藤　これまでもたくさんの災害現場に行っていらっしゃいますが、人々に防災の意識が浸透してると実感されたことはありますでしょうか。

山村　熊本地震のときに西原村っていうところに行ったんですが、あそこに大切畑地区って地区があるんです。奇跡の集落とも言われている地域です。そこのダムが決壊しそうだったので、そこの取材に行ったんです。2日目以降に調べてびっくりしたのは、そこは小さな集落だったんです。斜面に段々のように家があって、そのまわりに畑があるというところで、全26戸で約100人住んでらっしゃる。ここはけっこう高齢者多くて、高齢者率が約45%くらいでした。小さな集落ですから隣近所の家族構成も、家の間取りも、ほとんどの人が知ってる。そんな地域でした。

実はすぐそばに布田川断層帯っていう活断層が走っていて、そこが動いたわけですから、そこの震度は震度7ですよ。斜面だからっていうのもあったんでしょうけど、9割の家はつぶれちゃった。倒壊ですよ、ほとんど全壊。9割の家がつぶれて、生き埋めになった人もたくさんいたんですね。だけど、この大切畑地区は死者ゼロなんです。

地震直後に、隣近所の人たちが一斉に安否確認をやっていたんです。停電で真っ暗ですから、スマホの明かりを頼りに「大丈夫ですか」って声をかけ合って安否を確認したんですね。姿が見えないと知らせに行く人、救助する人、手分けをする。「手分けして一か所一か所やっていこう」って言って救助活動やるんです。

その辺りって花木を栽培する人たちも多く、小型の重機を持ってる人もいたんですね。その重機を持ってきたり、チェーンソーや発電機を持ってきたり、そういう持ち寄ったもので、あっという間に生き埋めになった人を救助してしまった。その救助した人たちにインタビューしたんですけど、実は訓練してたんだと。断層があるっていうのを知ったもんだから、どこかの大学の先生に聞いて勉強会をやったというんです。その後、救助訓練をやらなきゃいけないっていうんで、毎年1回やっていたんです。年寄りも多いから、必ず生き埋めになる人が出てくるだろうと予測して。

4月16日の本震のときは午前1時25分、真夜中ですよ。みんな寝静まった時の震度7ですから。かなりの揺れと激しさの中で、負傷者はけっこういたんですけれども、犠牲者はゼロだったんです。その後も、道路が寸断されて孤立状態になったけど、みんなが持ち寄った冷凍食品を溶かして煮炊きをしたり、発電機を持ってくる人、玄米持ってくる人、そうすると精米機を持ってくる人もいて、いろんな人がいて、炊き出しをやるんです。それで3日間、自分たちで乗り切るんですよ。安全は準備に比例するってよく言うけれど、本当にそうだなと思いました。小さな集落ではあるけれども、隣近所の結びつきっていうのは非常に大きいなあと思いましたね。

2014年11月に長野県白馬村で神城断層地震という地震があって、土曜日の夜の10時過ぎに起きたんです。白馬村は全部で26区に分かれていて、それぞれに区長さんがいるんだけど、堀之内地区が一番被害が大きいんですよ。昔、小さな湖があったところを埋め立てた縁にある地区なんですね。だから一番被害が大きいんだけれども、そこもあっという間に安否確認をやるんです。組織ができていて、堀之内地区の区長さんがいて、その下に10軒1組の組長さんというのがいるんです。組長さんの下に、5軒ずつを受け持つ伍長さんというのがいて、まるで軍隊の組織みたいなんだけど。実はここも糸魚川静岡構造線という大断層があるので、フォッサマグナの関係もあって必ず地震が来るだろうということで、特訓してたんだね。安否確認をする人も含めて、あっという間に救助して、そこも犠牲者ゼロなんですよ。白馬の奇跡って呼ばれてるんです。実は私はそこで、その1年か2年前に近くのホテルで講演をしていて、白馬村の人たちも大勢来ていたんです。私はそのとき「互近助」の話をしたんだけど、終わった後の懇親会で、白馬村の人が私のところに寄ってきて、「うちの方は昔から互近助をやってますよ」って言ってたんです。本当にそうだな思いました。訓練と日ごろの付き合いとコミュニティーというものが発災後に重要なんです。それがコミュニティーというものを形づくってるんだな、安全安心を作ってるんだなと、本当に思いましたね。そういう訓練をやっておかないと、頭ではわかっていても、実際にはできないかもしれないですから。

熊本の西原村と同じように、どこに誰が寝てるか、あのおばあさんは1階の隅の6畳間に寝てるはずだとか、知ってるんです。だか

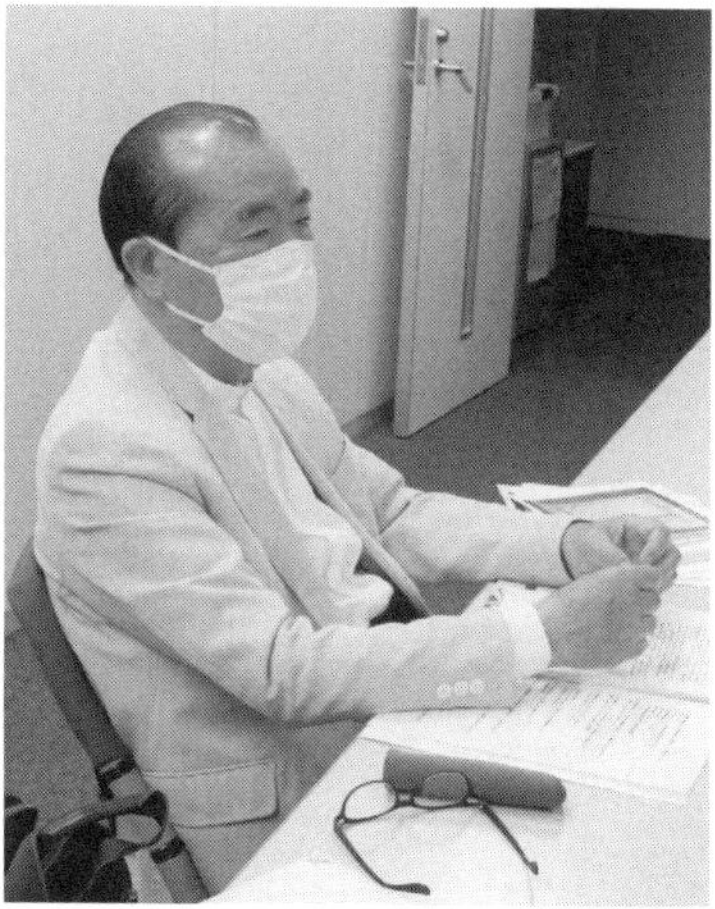

ら「大丈夫か?」って言ったら声がするみたいな、そういう感じだったんです。「なんでそんな付き合いなの」って言ったら、「だってもうみんな親戚みたいなもんじゃん。同じ時代生きてるんだから、同じ村で」なんて言うわけですよ。何がすごいかってね、そこの選挙の投票率がすごいんだよね。衆議院投票率が77%。村長選の投票率が88%。

伊藤　それはすごいですね。

山村　「なんでそんなに投票率が高いの」って聞いたら、みんなが誘い合って行くんですよ。「なになにさん、投票行った?」、「いや、行ってない」、「じゃあ一緒に行こうよ」っていう感じなんですよ。洗濯物が干してあっても、雨降ってきたらまわりの人が取り込んでくれるんですよ。だから慌てて帰ってこないって。もちろん泥棒もいませんって。これは普段の付き合いやコミュニティーの昇華した形ですね。だから「互近助」が当たり前のことなのだろうなと思いましたね。

鈴木　普段の生活の中で大地震が発生したときに、どんなふうに行動して、どう備えればいいのか、具体的なお話を聞かせてください。

山村　そうですね。地震というのはそれぞれ顔が違う、起こり方も違う、起こる時間も違う。大地震の主導権というのは、人間にはないんですね。いつ起きるかわからない、ということを前提で準備しなきゃいけない。逆に言えば、いつでも起こりうるという考え方。だから、今起きたらどうするかということを、例えば朝昼晩夜中、それから仕事中か通勤通学途上か。あるいは家か、仕事してる最中か、シチュエーションごとにシミュレーションしてみるしかないですよね。経験したことのある人はある程度わかるけど、経験しないとわからない。今地震が起こったら、緊急地震速報が鳴ったらどうするか。南海トラフ巨大地震が発生したら、たぶんですね、緊急地震速報の後にしばらく経ってから大揺れになる可能性が高い。直下型地震の場合には、緊急地震速報はたぶん間に合わない。鳴ったときにはもう揺れてる最中という可能性が高い。ただし初期微動ってのが起こる可能性があるんです。例えば阪神・淡路大震災のように深さ17キロメートルの地震ってのは震源の真上でも17キロメートル離れてますから、小さな揺れがカタカタカタって先に来るかもしれない。だから、緊急地震速報が鳴ったら、あるいは小さな地震の揺れを感じたら、まず身を守りましょう。机の下というだけじゃなくて、玄関のような「安全ゾーン」を決めておいて、玄関に行ってドアを開ける、いざというとき古い木造家屋だったら脱出する、ということだと思うんです。マンションなんかでドアが変形しないように開けて、ストッパーとかで手を離しても閉まらないようにしてから靴を履く。そこまでを普段から、空振りでもやっておけば、行動がすぐに取れる。実際には寝てる最中に地震が起きるかもしれないわけですから。そのときに怪我しないように、寝てるときは無防備になりますから、無防備でも大丈夫なように、寝室に背の高い家具は置かないとか、ガラスの窓からは離れて寝るとか、枕元あるいは足元にはスニーカーか厚手のスリッパを置いておく。停電の中、まわりがガラスだらけになっている可能性もありますから。自分の家でブレーカーを落として、「地震！」って言って訓練してみるといいと思うんですね。それをやると初めて「どうなる、どうする」となる。そのときに家族で話し合ってみるといいと思います。真っ暗でど

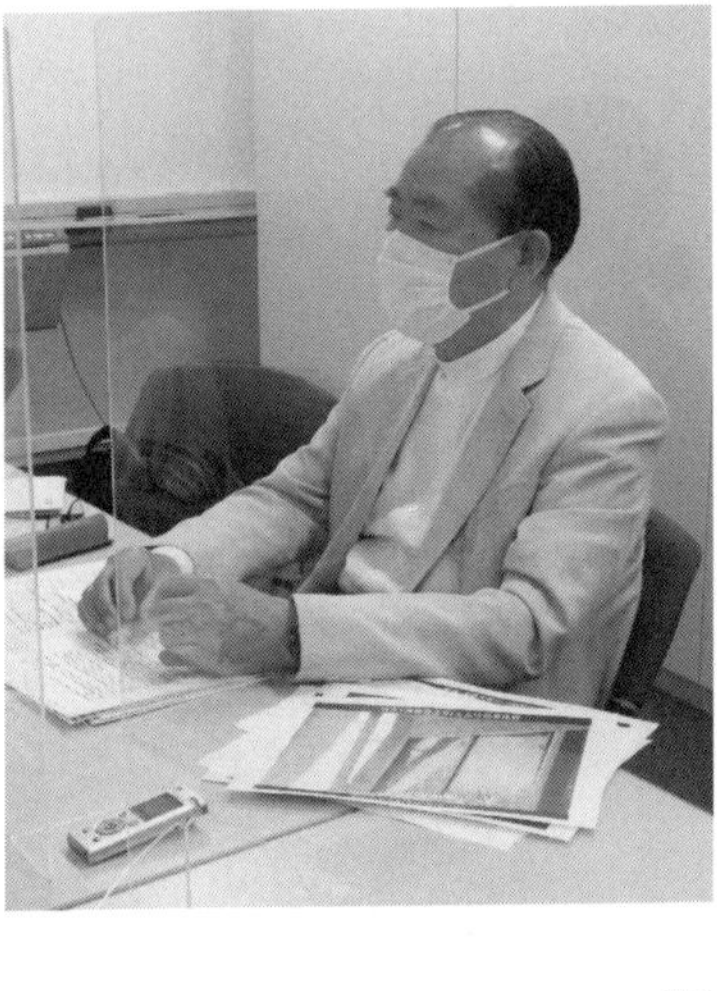

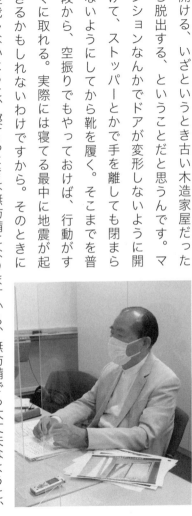

うしようもないとなったら、枕元に懐中電灯を常備しよう、夜光テープ、蓄光テープをドアのノブに貼ろうとか、階段の手すりに貼ろうとか、階段の段々のところに貼ろうとか、そういうことがわかってくるんですね。そういうふうに実際に、体験型のシミュレーションをやるといいと思います。

それに、必ずしも家にいるときに地震が起こるとは限らないわけですよ。出先で起こる、電車の中で起こる。そういったときに自分ができることは何か。電車の中にいるときとかバスに乗ってるときっていうのは限られた条件になるわけですから、その中で身を伏せたり、ガラスから離れたり、何かにつかまったりというようなことになる。例えば緊急地震速報や小さな揺れっていうのは、これから大揺れが来ますよという合図で、地震がこれから起きますよではなくて、もう起きてしまってこれから大揺れになりますという話なんですから、そうするとそれに対応して体を守る行動を取るということですよね。

シェイクアウト訓練っていうのがひとつありますけれども、あれは日本の防災訓練を参考にカリフォルニアの人が作ったものを、日本が逆輸入して、地震に備えた防災訓練です。何か起こった時にとりあえず机の下に入って、椅子の脚をつかみましょうというものです。だけど、そういうワンパターンで考えないで、状況によって行動は違ってくる。本当に安全な場所だったら、机の下でもいいと思うんですけど。でも家がつぶれる可能性があったら、机も一緒につぶれちゃいますから。原則はドアを開けて脱出するしかない。特に1階にいた場合ですね。古い木造家屋の2階にいたらあわてて1階に下りない。そういういる場所、いる状況によって命を守る行動が違うわけです。

外にいるときにも、落下物に注意ですよね。道路にいろんなものが落ちてくる。阪神・淡路大震災でびっくりしたのは、屋上にあったクーリングタワーの機械が落っこちてるんですね。あれにぶつかったらまず死にますよ。朝だったんであまり人通りがなかったからよかったけど、そういうことも起こりうるわけですね。ではどうしたらいいだろう。外にいたら、建物から原則は離れること。でも離れられない場所もずいぶんありますから、安全そうな建物だったら、ビルの中に入ってしまう。あるいは陰に隠れる。一番いけないのが歩道で、建物との間4メートル以内にいることなんです。

だいたいその範囲に、ガラスとか落下物が落ちてきますから。建物の中に入るか、離れる。一番いいのは何にもない駐車場とか、広場とか、そういったところですけど、そういう場所がないかもしれないから、場所によって行動が違うわけです。頭の中で、今ここで地震が起きたら何したらいいか、何が起きるかをシミュレートするのが大事だと思います。

伊藤 都会の歩道って4メートルもないですよね。

山村 だから、普段歩いてる場所でシミュレーションして、ここは大丈夫そうか判断する。例えばビルの礎石で何年に造られた建物か見て、新耐震基準（1981年5月）の後なのか、前なのか、耐震の目安を見ておくとか、そういったことも大事だと思いますね。

鈴木 家の中での「安全ゾーン」のことも山村さんは提唱してらっしゃいます。昔はトイレが安全といわれた時代もありましたけど、これは違うというふうに見てらっしゃるんですね。

山村 昔の和式のトイレっていうのは、四隅に太い柱があったんですよ。今のトイレってほとんどユニット形式で、壁でもたせてるケースが多いんです。機密性の高いドアが

1個あるだけなんで、それが変形しちゃうと閉じ込められてしまう危険性があるわけですから、トイレの中に逃げ込むよりは、やっぱり出て、玄関に行くとか、少しでも、閉じ込められないようにすることが大事です。私の提唱する「安全ゾーン」というのは、ガラスから離れた、転倒落下物の少ない、そして閉じ込められない場所のことで、その「安全ゾーン」にとりあえず移動する。数秒で移動できる場所で、我が家で安全な場所はどこなのか。そういったことを確認しておくといいと思いますね。

伊藤　いろんなものを備えておきましょうといわれますが、これだけは備えておきたいというものがありましたらお願いします。

山村　家庭の中では、我が家で備蓄しておくものと、車のトランクに入れておくものと、非常用の持ち出し袋に入れておくものと、そういうふうに分けた方がいいと思うんですね。非常用の持ち出し袋は、万一そこから退去して、避難所やなんかに行かなきゃいけないときに、せめて1日2日、とりあえず自分に必要なものを用意しておく。特に今のコロナ禍だったら、マイ体温計だとか、予備マスクや消毒薬とか、自分に合った頭痛薬や風邪薬だとか、そういったものも用意しておくといいし、持病の薬があればもちろんそうですし。で、それぞれがそれぞれの非常用持ち出し袋を用意しておくといいと思いますよ。高齢者だったら、老眼鏡のスペアや入れ歯入れを用意しておくとか、そういったことも必要になってきます。食べ物も場合によっては、おかゆをひとつ持ってるだけでもずいぶん違いますよね。

非常用持ち出し袋は一家に1個じゃなくて、ひとりに1個備えた方がいいし、家庭であれば停電対策、断水対策、ガス停止対策と、事象ごとに備えるものを用意する。例えば、ガス停止のためのカセットコンロというのは、必ず必要になりますから、カセットコンロとガスボンベ、1本でどのくらいもつのかなと計算して、せめて1週間分。トイレは、お風呂の水とかで流せばいいんじゃないかと思うかもしれないけど、実際には下水管が壊れて流せないという状態も起こりうるんですね。逆流したり、時には変なところから汚水が漏れてしまったりしますから。今は各地域でやってるのは、震度6以上になったら配管の安全確認できるまでトイレは流さないというルールになっているケースが多いんですけども、そういったこともひとつのマナーとして、知識と準備が必要になってくる。だから、非常用のトイレを自分で用意してもいいし、場合によってはコンビニ袋みたいなものに古新聞を用意しておいて、ちぎって中に入れて、用を足したら縛って大きい袋に入れるとかね。そういうのも実際に1回やってみると、これじゃ駄目だとか、大きいゴミ袋を下に敷いてその中に小さい袋を入れるといってもなかなか難しいとか、やってみるとわかります。そういうことを実践でやってみる。電気、ガス、水道、電話を止めてみて、在宅避難生活訓練をぜひやってほしい。備蓄の三要素は水、食料、トイレ。あとは電池ですね。電池も必ず必要になりますから、予備の電池を用意しておく。最近の電池は10年もつものが増えてきてますので、それもそんなに高くないですよね。

伊藤 避難所に行く場合なんですが、いろんな事情がある方も多いと思うんです。例えばペットがいるとか体が不自由だとか、そういった方はどんなふうに準備しておけばいい

いんでしょうか。

山村 今は、内閣府や環境省や厚労省から、いろんなガイドラインも出ていて、避難所でペットもできるだけ受け入れてくださいとなっています。そうしないと、避難をためらってしまう人や逃げない人が犠牲者になってしまったり、あるいはペットを放してしまう人がいるんですね。それによって、二次的な災害が起こる可能性もありますから。同行避難を受け入れましょうということで、各地区でやっていますから、あらかじめ同行避難できるように、自分の方も準備をしておく。事前にどこの避難所がペットを受け入れてくれるのか調べておく。それから、マイクロチップを埋め込むとか、鑑札、狂犬病の予防注射の証明書、そういったものを用意したペット用の非常用持ち出し袋に、ペットの好きな食料や薬など用意しておくとか、ですね。迷子にならないようにすることも大事ですけれども、写真も持っておくといいですね。犬はなんとか付いてくるんですよね、人間に。ところが猫はどっか行っちゃうんですよ、地震のときって。それで迷い猫探しってのがたいへんなんです。ですから、本当にペットがかわいかったら、そういう対策もやっておかなきゃいけないですね。だから私はペットと一緒に防災訓練やったらどうですかって言ってるんですけど、なかなかやってる人少ないんですね。今は厚労省だけじゃなくて、環境省のホームページでも、同行避難のすすめみたいなガイドラインが見られるようになっていますから、ご覧になるといいと思いますよ。

鈴木　山村さんが実際お感じになっている今の日本の避難所の課題。どんなところに問題があるとお思いでしょうか。

山村　この前の令和元年台風19号でも都市部の避難所は、あっという間に満員になって、結果として受け入れできないところもずいぶんあったんですね。そしてこのコロナ禍で、ひとりの占有スペースをだいたい4平米から7平米くらいにしないと3密を防げないということになると、厳しいですよね。今まで全国の平均的な避難者の占有スペースというのは、約1・65平米くらいなんですね。だからその数倍ということは、4分の1から5分の1くらいに収容定員が減らされてしまうということになるので、そうすると避難所に避難できる収容可能数は限られてしまう。やはり分散避難っていうのをしなければならないということになりますので、その準備をしておかないといけないのかなと思いますね。

例えば東京都なんかは、震災条例で車での避難を禁止してますよね。大都市は車避難は禁止なんですけれども、それを受け入れたり、許容しているところもあります。特に体が不自由な人とか子供さんとか、乳幼児、障がい者の場合には、車でしか避難できない人も多いわけですよね。それを一概に車禁止っていうのもおかしな話なんで、徒歩圏内で全員が受け入れられる避難所がちゃんと準備できるならいいんですが、できないなら車の避難もできるように、道路の通行禁止を整備すべきです。都内っていうのは、地震が起こるとほとんどの幹線道路は通行禁止になってしまうんですね。緊急車両以外は。これは調整していかなきゃいけない。自分たちの地域で、安全に避難できる経路も事前に確認しておかないと。役所の防災マップで見ても書いてないですから。我が家の防災マップを作って、自分流の分散避難をシミュレートしておくべきですね。安全な知人宅・親戚宅に避難できるのか、安全な広いスペースは近くにないのか調べておく。徒歩で行くにしても避難所以外の場所も選択肢の中に入れていく。場合によってはホテルや旅館でも受け入れてくれるところもある。例えば港区なんかは協定を結んで、いざっていうときは民間のホテルなどが要配慮者を受け入れてくれますし、六本木ヒルズみたいにそこに住んでる人以外に5000人受け入れましょう、と言っているところもあります。

ですから、こういうことを事前に調べておく。そういうのは、役所の防災やハザードマップには書いてないですから。自分で調べないとだめですよね。情報は自分で取りに行く、必要な情報は待っていないで取りに行くことが大事だなと思いますね。

伊藤　最後に、これだけは読者に伝えたいということがありましたらお願いします。

山村　そうですね、前にも言ったんですけど、とにかく「段取り8分」ですよね、段取り8分。昔の腕のいい職人さんは、段取りにコストとエネルギーをかけたといいますね。それがいい仕事につながるんだけど、防災もほとんどが事前対策。段取り8分っていわれるように、何か起きてからできることはせいぜい2割しかない。だから、今のうちにね、この平時のうちに8割の準備をしてほしいと思うんですね。ところが実際はせいぜい2割くらいしか準備していない人がほとんど。やらなきゃいけないうちの2割くらいやってればいい方です。備蓄にしても、本当に1週間分備蓄してる人は少ないですよ。かき集めればけっこうあるには違いないんだけども、非常用として用意しておくとか、普段使いのものを少しずつ余分に用意しておくとか、自分なりに工夫して、防災とか地震対策を楽しんで、やれるときにやれるだけやっておく。備蓄を1週間分必要となったら、どうやって1週間分にするかとか、プロセスも一緒に考えた家族防災会議を開いて、準備しておくことが大事じゃないかな。

そしてそれを楽しんでやる。私が提唱しているのは、例えば朝昼晩と、非常食に何を食べようとか、朝食はあんまりたくさん食べなくてもいいから、レトルトの野菜たっぷりスープとビスケットでいいじゃないかとか。お昼はパスタときんぴらごぼうで、これだと食物繊維も摂れますねとか。夜は温めずに食べられるレトルトカレー

で、今は3分でできる非常用のご飯もありますから、そういうものを組み合わせて楽しんでやる。非常食デーといって1日非常食でやってみようよと。楽しんでやることが長続きするのかなと思っています。それも段取りをしっかりやる。すべての防災対策は事前対策、思い立った今が吉日と思って、気がついたときにやっておくことが大事かなと思いますね。

悲観的に準備し楽観的に行動することですね。なんか楽観的に準備してる人が多いんだけど、やっぱり悲観的に準備しておく。そうするとあと楽に、安心して暮らせますよね。安心は準備に比例するんですよ。

鈴木　なるほど、「悲観的に準備すれば楽観的に行動できる」ということですね。

伊藤・鈴木　ありがとうございます。今日はとても勉強になりました。

山村　ありがとうございました。

2021年5月8日
文化放送にて
撮影：編集部

＊インタビューは新型コロナウイルス感染症の対策を行った上で実施いたしました。

◎参考文献

『全災害対応！子連れ防災ＢＯＯＫ』ＮＰＯ法人ママプラグ　祥伝社
『防災イツモマニュアル』防災イツモプロジェクト　ポプラ社
『マンガで楽しくわかる防災ＢＯＯＫ』監修・国崎信江　家の光協会
『大避難　何が生死を分けるのか』島川英介　ＮＨＫスペシャル取材班　ＮＨＫ出版
『東京くらし防災』東京都
『分散避難と避難所経営』山村武彦　ぎょうせい
『台風防災の新常識』山村武彦　戎光祥出版
『いのちを守る気象情報』斉田季実治　ＮＨＫ出版
『もしも：に慌てない 登山式ＤＥ防災習慣お役立ちコミックエッセイ』鈴木みき　講談社

◉伊藤佳子（いとう・よしこ）
北海道生まれの東京育ち。学習院大学理学部卒業。宮崎放送アナウンサーを経て1991年より文化放送アナウンサー2017年より文化放送報道部記者。気象予報士・防災士・健康気象アドバイザー。現在気象庁・東京都庁担当の他、番組「防災アワー」プロデュース及び出演。過去の担当番組「笑顔でおは天!!」「くにまるジャパン」「梶原しげるの本気でDONDON」「みのもんたのウィークエンドをつかまえろ」など。

◉鈴木純子（すずき・じゅんこ）
千葉県流山市生まれ。明治大学文学部卒業。エフエム群馬アナウンサーを経て1998年より文化放送アナウンサー。気象予報士。現在「ニュース・気象情報」土曜日曜担当、「ライオンズナイター」スタジオ担当。「大垣尚司・残間里江子の大人ファンクラブ」「朝の小鳥」「SDGs Voice」「キユーピーメロディホリデー」「防災一口メモ」など。過去の担当番組「笑顔でおは天!!」「くにまるジャパン」「走れ！歌謡曲」など。

◎謝辞（敬称略）

本書を執筆するにあたり、多くの方々にご協力いただきました。
厚く御礼申し上げます。

気象庁
国土交通省
東京都総務局総合防災部
江戸川区
認定ＮＰＯ法人 全国災害ボランティア支援団体ネットワーク（ＪＶＯＡＤ）
ＮＰＯ法人日本トイレ研究所
独立行政法人日本スポーツ振興センター

自《し》然《ぜん》災《さい》害《がい》から身《み》を守《まも》る知《ち》恵《え》
気《き》象《しょう》災《さい》害《がい》と地《じ》震《しん》に備《そな》える

発 行 日　2021年6月28日　初版

著　　者　伊藤佳子（いとう・よしこ）
　　　　　鈴木純子（すずき・じゅんこ）

イラスト　やないふみえ
編集協力　株式会社文化放送
撮　　影　相原大輔（口絵i、カバープロフィール、帯）

発 行 者　足立欣也
発 行 所　株式会社求龍堂
　　　　　〒102-0094
　　　　　東京都千代田区紀尾井町3-23文藝春秋新館1階
　　　　　TEL　03-3239-3381（営業）
　　　　　　　 03-3239-3382（編集）
　　　　　https://www.kyuryudo.co.jp

印刷・製本　東京リスマチック株式会社
装丁・組版　常松靖史［TUNE］
編　　集　深谷路子（求龍堂）

ISBN978-4-7630-2117-5　C0040